"新时代书画名家自传"丛书

灼日
冯远自传

○冯远 著

广西美术出版社

前言

呈现在读者朋友面前的《灼日》,是一部关于我从艺的简版文字记述。

按照全国政协书画室和出版社的丛书策划构想和体例设计,我选取了我从爱好、学习到从事绘画艺术这数十年中的主要经历,将有特殊意义的往事和节点通过文字简约地表达出来,类似自传。但因为字数要求,并未深入地展开每个人生阶段的时代背景和社会动因,而对于一个艺术家成长经历或者学术个案的"果"来说,这恰恰是十分重要的"因"。又,根据政协文史资料工作的"亲历、亲见、亲闻"原则,我侧重于亲历、亲见,未加细察的亲闻基本未予收入,为的是确保本书内容的真实可信。通过对往事的回顾和情景描述,连缀起我的从艺经历,围绕我的三观形成、思想变化、艺术观念和人生感悟的累积、作品追求的风格特点、审美取向,顺着艺术年表的脉络予以展开。再,每个艺术家的成长并非是简单地由青葱到耄耋,一条直线,经历各不相同,也就有了先后顺逆差别之分。艺术中的技艺常常需要量的长期积累而达至质变,艺术家的价值就体现在他的作品和论著之中。而有关成就的判断还需要旁人、后人加以评价，这就要求"自传"的撰写者必须保持客观理性和实事求是的态度。

观照自己的作品和文字终究不是件易事，然而人总要通过回顾、反省、审视来把握自身，以期获得超越。成长中的此一时之嗜好，必隐含着某些褊狭、迷执；彼一时之追索，恐又受制于先天不足或后天缺失，这些不足自然会明白无误地反映在某个阶段的作品和文字中。"文以载道""文如其人""夫书者，心之迹也"，犹人照镜，纤毫毕现，无以掩藏，但我却欣欣然其犹未悔。作画著文，多一份思想提炼和思考沉淀，多一份精心经意和对形式技艺的锤炼与设计，就增一份价值，也就更近乎"道"一步。我执此说，系由多年体验所得，而作品孰优孰劣由人评说。就过程而言，这些都是我从艺经历中在不同阶段留下的记录和印痕。

由本人作传，首要的是诚实、真诚，不刻意扬善隐劣，非言俊蔽丑，乐道光辉历程，避讳落魄足迹。余今年届古稀，风轻云淡，更多了一份从容与坦诚。若算上襁褓之岁，七十寒暑已然成过往，但真正从记事习艺至求取一生，爬坡攀岩，不过匆匆一甲子。大化流衍、沧海一粟，藐予尘微安敢侈言成就造化。对于艺术和学问，对于人生与境界，但凡我体认、明了一点，就实践一点；理解多少，就做多少。心、脑与手的距离，胸次、情怀与理想的差距始终存在。待得悟觉圆融，生命已臻暮境。艺术真是一段令人神往，苦甜参半又爱怨交织的旅程。

人，终究无法得享两次生命的轮回，即便头脑尚清醒，皮囊也已衰朽，因而向死而生，认真地把握住当下，认真对待你的下一件作品、下一篇文字，才是最为重要的。如若天假余以年，也许我还会有十年、十五年并不宽裕的光阴，我将继续尽己所能通过作品和思想去回应时代，回应人的精神召唤和俗世间的苦甜。

感恩生逢盛世，七十年承平无战事，国家经济腾飞、国力日盛、社会安定、生活小康，乃有文化自信和艺术繁荣。

感谢我的夫人水静汶，因为她与我数十年来相濡以沫，以及为我提供无私的襄助。

谨以此书敬献给我的父亲母亲。

谨以此书表达对在我人生和艺术成长道路上，给我以启蒙、抚慰、指点、提携、帮扶和荐助的师长方增先、兄长宋雨桂，以及众多的领导、同事、友朋同道的诚挚敬意。

冯远
岁次于壬寅菊月京华西隅六和堂

1952年生于上海。1969年，下黑龙江生产建设兵团务农。1978年，入读浙江美术学院，1980年研究生毕业后留校执教。1996年，任中国美术学院副院长；1999年，任中华人民共和国文化部科技教育司司长；2000年，任中华人民共和国文化部艺术司司长；2003年，任中国美术家协会副主席；2004年，任中国美术馆馆长；2005年，任中国文学艺术界联合会副主席、党组成员、书记处书记；2008年，任清华大学美术学院名誉院长，中国艺术研究院、清华大学美术学院博士生导师；2012年，任中央文史研究馆副馆长；2015年，兼任清华大学艺术博物馆馆长；2016年，兼任上海大学上海美术学院院长；2018年，被推选为中国美术家协会名誉主席。中国著名画家、美术教育家、文化学者。

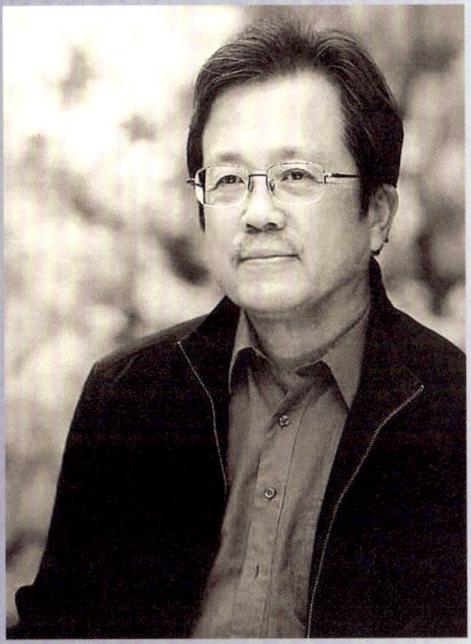

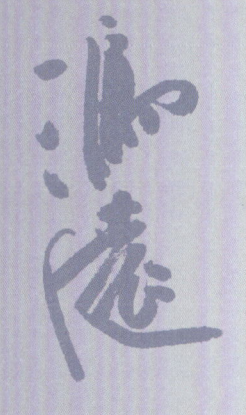

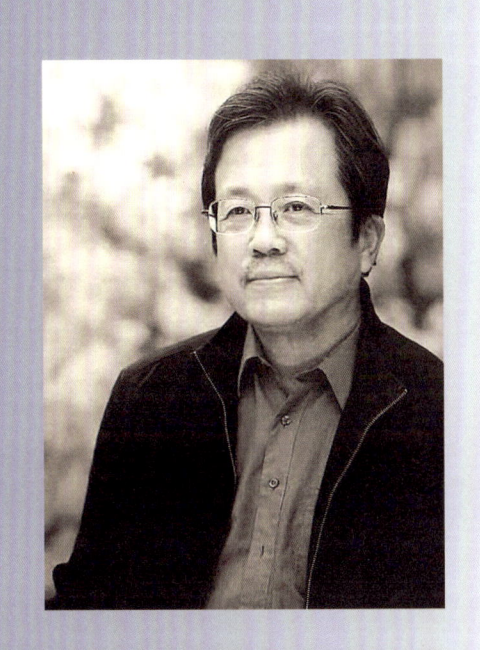

目 录

前言

001　第一章　舞勺岁历

021　第二章　荒原纪事

045　第三章　学苑求艺

085　第四章　杏坛春秋

115　第五章　庙庭炼履

161　第六章　伊梦逐光

197　第七章　踔厉晚晴

232　后记

234　冯远艺术年表

第一章 舞勺岁历

回忆往事令人五味杂陈，百感交集，因为必须直面真实的自己。

——题记

我有一个现在想来还算快乐而又平常的童年。

我的父亲出生于江苏无锡洛社小镇上，早年为蔬菜购销过秤过磅，类似于今天蔬菜批发商属下的一个办事员，相貌堂堂、品行端正、为人忠厚，少小爱学习，因而祖父母省吃俭用供他念到初中。父亲的哥哥早年因肺痨（肺结核）病死；大姐婚后不幸早逝，遗下一女；二姐嫁给华圻丁姓教书人家；弟弟从军，专事对日军事情报，出生入死。父亲很早就帮助祖父母持家兼带弟弟和外甥女，后经好友推荐进了上海广勤纱厂做实习生，刻苦勤勉，又当车间管理员，后又被提拔当了生产技术领班。

我的母亲出生于常州奔牛镇的殷实农家，兄弟姐妹众多，她排行老幺，却是在大姨背上度过童年。母亲年轻时活泼漂亮，生性要强，心灵手巧，识字女红样样出彩，颇受当地长辈的喜欢。后嫁给父亲去了无锡，又一同到了上海。她不满足于相夫教子这一全职家务，在父亲支持下参加扫盲学习，跟随父亲自学初中文化，又由于说话做事干练、能力强，很得四邻街坊好评，被法院聘为陪审员和街道居委会的调解员。我至今还在朦胧中存有父母夜半课读的恩爱记忆。

我有兄妹五人，我排行老二，虽然家境谈不上富裕，但也其乐融融。父亲早出晚归，属于忠于职守的标准好男人，母亲虽不必天天坐班，但却时常要解开围裙，关掉煤气，跑去里弄调解邻里矛盾纠纷，多少次夫妻婆媳争端评理还径直找上门来。我们五人中大哥受宠些，我稍显木讷，三弟好哭，四弟闷淘，小妹文弱，虽然免不了孩提时代的吱吱哇哇，但却团结互助，有父母规矩在，家教家风尚严。随父母一同来上海的二姨女儿金桂英一边念书、一边陪伴我们成长。

在爱好画画之前，我的兴趣所好在电影。那年我11岁，是东湖路小学五年级学生，偶尔碰到一个机遇：上海天马电影制片厂的儿童片《宝葫芦的秘密》摄制组的助导们来学校选小演员，我和其他学校的数十个同龄小学生被编成了三人一组，自编自演小品，后来我被选

孩提时的我

后排：三弟冯导、我、小弟冯越；前排：小妹冯节和大哥冯超

中，客串了一回电影里的同学甲。虽然镜头台词不多，主要是在故事情节中的各种背景中晃悠，却也耗去了一个学期的时间。导演杨小仲是个挑剔的人，重要镜头他都亲自到场指挥，还说戏启发我们。副导演殷子是位热心麻利的北方人，负责我们拍戏、学习、生活的日常管理。戏中演班主任的吴云芳老师兼作我们的辅导员。拍摄间隙，我总爱跟着场记、操机的摄影师和照明灯光师问这问那。师傅张殿云三十来岁，看我喜欢，休息时就断断续续给我讲解了许多电影生产制作的原理。只要有机会，我都跟在师傅们屁股后，一起看摄影师和导演讨论表演和推拉摇拍摄角度，一遍遍地回放毛片。我对片中人物的姿态表演、形象特写、面部表情和灯光配置感到十分神奇有趣，并由此产生了长大想学导演和摄影的愿望。

电影拍摄结束，我和徐方、温和等其他小朋友作别，回各自学校继续六年级学业。从那以后，每次无论是父母带我们兄弟去看戏、看电影，还是学校组织观影活动，回家以后，我都会像哥哥一样，去找来最便宜的白报纸，裁成小人书大小的一页页，用针线装订起来，然后凭着记忆，将在银幕舞台上看到的故事内容，顺着情节，一页页地画出来。那时候懵懂幼稚，并不明白艺术为何物，只是凭着兴趣，但却沉迷其中，乐此不疲。

美好的日子总是短暂的，何况远虑近忧日益加重。据说是因为父亲曾经说错了话，1958年还帮助工人整理文字、抄写大字报，"猖狂攻击社会主义"，后面被戴上"右派分子"帽子，遣送嘉定南翔管制劳动。后来才了解到，父亲当年为支持抗美援朝虽然捐钱买飞机，但却不理解国家刚安定，何故又要为外人去打仗的道理。这场牵涉到许多家庭的突如其来的变故，给我留下最深的印象就是邻里旁人背着我们的窃窃私语和看待我们的异样眼光，以及往日母亲脸上开

自学绘画

朗快乐的笑容没有了，代之以黯然神伤，偶尔还迁怒于我们。家里的唯一收入没有了，母亲的陪审员和调解员工作都是义务的，生活陷入了困顿。绝望的日子里还是能检验我父亲平日里的为人的，厂方同意在我父亲受管制停发工资期间，按政策每月补贴25元作为生活费，但这哪里能应对五个正上着学且长着身体的一个家庭六口人的日常开销。母亲不得不边学边做，通过为街坊邻居量体裁衣、做缝纫以维持家用。母亲的闺密张文娟的丈夫也遭难去了安徽，如此互相牵线帮衬着勉强支撑门庭。母亲有一双巧手的名声很快传开了，上门请她做各式服装的订件多了起来，但彼时正逢国家遭遇三年困难时期，顾主常常按时取了货，却迟迟不结账交款。我经常被母亲指派上门去催款，那种低声下气，倒像是我做错了事，亏了顾主的钱。襄阳路菜场的江丽娟阿姨是个爽直仗义之人，不光每次凭票买菜时她照顾母亲，还帮助催促顾主结账：做人做事不能看人下菜、欺人家小……已有的缝纫活因为时紧时松并不稳定，母亲又通过好友介绍，争取来了为剧照着色的计件活。这是些戏剧、电影明星的黑白剧照，当时作为文化小商品，在各类小商品市场摊位和烟纸店里经常有售。着了色的剧照更受爱好者青睐。经销商采用低成本的分散加工方式，取得的效益很好。天性聪颖的母亲很快掌握了基本要领，每每着色，因质量上佳很得认可，并有微薄的加工费收入。为了按期交货，母亲常常白天为我们忙完了上课放学的吃喝拉撒睡，晚上还要加班加点至深夜。喜欢电影的我有一次陪伴她时说："我能不能也试试？"母亲眼睛一亮，就手把手调好固定的水色，教我涂色。一上手，我就觉得并不难。很快，那一摞摞100张一组的剧照在我日益熟练的流水加工下，既产生了量的效益，也增加了些微但却令母亲颇感欣慰的收益。她慈爱地摸着我的头说："远远，学什么都是本事。"我能够体会身处那种压力境地中母亲对我的褒奖多少透出因生活所迫的无奈。每次赶工过了晚上12点，母亲催我睡觉前，总会从铁皮饼干盒中取出一块桃酥饼犒劳我。从那以后，桃酥饼成了我几十年宵夜点心中的最爱。那是挥之不去的"母亲的味道"。着色虽然枯燥，但是各种剧照中那丰富多样的人物形象、内容故事、服饰道具，以及真假之间"戏"的表演趣味，还是能时时给我带来新鲜感。用今天的话来说，也许这就是我早期认识中的，作为视觉艺术的图像与绘画之间的紧密联系吧。

虽然生活的重压销蚀着母亲最好的年华，但她从未流露于人前。记得那些年，每次母亲牵着我和弟妹的小手，经过淮海路、襄阳路，或者开完弟妹班里的家长会回来路上，她高挑的身材、得体的衣着和轩昂的气质总会引来不少注目。不仅如此，那时时兴马桶包，手巧的母亲都能自制那些时尚的"配件"。我不解地问："妈，怎么老有人看你？"母亲偶尔也会快意地回嗔一句："小东西，你懂个啥？"母亲是个要强的人，尽其所能地拉扯着我们五人。我未曾有过饿着冻着的记忆，衣着虽旧，但干净整洁。虽然父亲难得回家，但母亲教得我们一个个规矩礼貌，学习上进。

母亲在邻里人缘好，受人敬重，但也少不了墙倒众人推、时有宵小之辈嚼舌头，爱面子的母亲不愿意再去扮演陪审员、调解员之类的角色，而是全心挣钱补贴家用，看护我们的学业。曾经共过事的派出所户籍警孔林生有时会来家访，嘘寒问暖，甚至劝过母亲与父亲划清界限，重组家庭。有天中午放学回家吃饭，我看到母亲涨红着脸严肃地说："此事不考虑。"街道居委会的马书记瘸着一条腿，边走边嘟囔："不识好人心。"后来从母亲那里得知，他是要我们家退出仅有的25平方米的居住面积，甚至动员母亲搬迁去郊区……难怪我很多次放学回家，看到母亲坐在缝纫机前发愣并默默垂泪。

每隔一段时间的星期天，母亲会做上几种荤菜，带上腌制的雪里红咸菜和萝卜干，领着我们几个辗转坐车，去南翔的公社生产队探望管制劳动的父亲。每次去，父亲总是高兴地一个个抱着用胡须楂子亲我们，而一同被管制劳动的季国荣等几位难兄难弟也会一同品尝母亲带去的菜肴。每次探视后回家，母亲必会关上房门伤心一回。偶尔父亲回家来取换季衣物，我都能感到父亲的脾性变了，变得沉默寡言了。岁月和政治运动的磨砺，摧折了父亲当年意气风发的性格。不谙世事的我们，悄悄地掩上外门，蹑手蹑脚，生怕惊吵了父母难得相聚的片刻。

进入初中一年级学习，语文、历史、地理课是我喜欢的课程。这不光因为我的班主任是位五十开外、性格和蔼、操着一口浓重的北方口音抑扬顿挫地诵读课文的语文老师，还因为她是一位丝毫没有因为我有一位被划为"右派"的父亲而对我冷眼相待的师长。每次讲课，她都能把我们带进诗一般美妙的境界，让我产生种种想象而感到愉悦。就是因为这些想象，我鬼使神差般地在语文课本上的每篇课文之前都画上了"插图"。常常正待我用心入神之时，我都感到脑门上被轻轻叩击，是罗淑濂老师在提醒我专心听讲。但每次下课，她又会以十分赞赏的语气询问我画的那些图画是表现课文的什么内容，哪一段。如今回想起来，这些就是我最早的创作了吧。当时还引发同班和其他班的几个同学的摹仿。

学校成立了课外兴趣小组，音乐、舞蹈、文学、美术什么的都有，我报名参加了美术班。负责美术兴趣小组的就是平时教我们国画课的郑宗谦老师，戴着老花镜，平和也严肃。家里没有能力为我买画具，加之常要准时交付剧照着色的订件，难以保证每周一次的小组活动出勤率。郑老师却从未苛责过我，还送我图画纸，拿他的调色盒给我用。他认真地教我们画石膏头像如何起轮廓；摆了水果和瓶瓶罐罐，教我们画水彩、水粉画的三步骤。同在一个兴趣小组的还有同班的俞晓夫、四班的管齐骏和七班的胡溧。每次缺课，我特别害怕见到郑老师透过眼镜片投射过来的不是批评却胜似批评的眼光和欲言又止的神情。

长年的精神压抑和积劳成疾，母亲终于病倒了。很长一段时间，母亲的脖颈肿大，服药不见效。母亲终于道出了实情，罹患的是甲状腺肿瘤。母亲没有单位公费医疗，全靠仅有的收入根本无法支付医生建议的手术费用，最后是舅舅、阿姨、姑妈、堂姐凑集的资金。手术虽然成功，但医生还是和父亲、堂姐交了情况不乐观的底。不知情的母亲觉得亏欠了我们，一出院就回家洒扫除尘、里外拾掇。那年，父亲终于结束了三年的劳动改造，回原单位被合并后组建的纺织轴承厂工作。虽然父亲从原先坐办公室贬至翻砂车间从事体力劳动，但一家人终得团圆，这是高兴的事情。母亲想象着新生活的开始，脸上重新漾开了难得的笑容。

我的一家

　　也有一些舒心的时光，平日里只要下午无课，我就会在房间中央的靠背椅上按郑老师的作业要求，摆上一组砂锅、白菜、西红柿之类的静物，作水彩写生。进进出出忙活经过的母亲总会鼓励几句："远远画得好，远远画得像……"遇到周日的某个有阳光的半日，我和三弟还会央求母亲做一会儿模特儿。每次母亲都欣然应允，放下手头活计，拿起为弟妹织的毛线裤，边织边给我们讲法海和尚如何害白娘子，许仙又如何千方百计去救难的故事，但每次讲着讲着脸色就会凝重起来，陷入沉思。

　　20世纪60年代，正是中国通俗文化读物——连环画最为畅销红火的时期，其内容形式多样、文图并茂、老少咸宜，最受社会各界读者的欢迎与喜爱，尤以上海领风气之先。我的学画创作启蒙就是从那时开始的，《三国演义》《水浒》《杨家将》《西游记》《铁道游击队》等都是我爱不释手的读本。没有零花钱买，在小书摊上，花两分钱就可以坐上几个小时看几本。班里同学，谁家都有几本，互通有无，相互借阅，喜不自胜。连环画就像一部部无声的电影，一页页画面叙述着丰富曲折的故事情节，加上画家的奇思妙想和生花妙笔，不光促进了古典名著的普及读本走进千家万户，也将历史文化教育推广至全社会，更是启迪了少年时代的我的创作想象力。郑老师觉得我领悟力强，感性直觉好，就鼓励我从学习创作入手，边临摹边创作。也就是那一年，我做了一件令我一辈子难忘的事情。起因是我看上了新华书店新出版的一本连环画，画家徐正平创作的《王佐断臂》。我十分喜欢连环画中生动的造型和流畅的笔调，左看右看不忍释手。2角8分钱，想买来学习，但当时我们兄妹五人上学的学杂费都是要靠申请减免的，除了学校组织春秋游、队日活动，父母从未给过我们零花钱。我那次是趁母亲更换衣服时偷偷拿了两角钱，晚上被母亲察觉，她狠狠地打了我一顿，并罚我立壁角，不给吃晚饭。我觉得母亲那晚是怒我不争，气我没出息，加上平日里的郁积之气，全都撒在了我头上……直到父亲加班回家，兄妹都已入睡，母亲才端着加热的饭菜来到灶间，搂着我的肩说："娘不该，娘不该打你。可那两毛钱是全家的一餐饭钱呀！再说，无论怎样，这样做不像冯家的孩子……"

由于癌细胞扩散到了淋巴，淋巴结遍布全身，母亲的病终于还是转移至了卵巢并且已到晚期。我和大哥牵着她的手，从能够走到扶着走，再到背着她多方求治，皆告无策，最后终于卧床不起，靠敷中药偏方和注射杜冷丁（派替啶）止痛维持。垂危之际，我们兄妹和父亲轮流值夜陪护她，看到她日益衰弱的憔悴模样，回天无望，心痛不已。有一晚轮到我陪她，在昏黄的床头灯下，母亲深陷的眼窝中瞪着失神的眼睛，看着我为她解闷递过去的小画，听着我告诉她美术老师表扬我有进步的评语时说："远远，娘是耽误你学画了……"说着还伸出一

母亲李毓秀自知时日无多，留下最后的照片

双枯瘦白皙的双手，细细端详，还喃喃地说："真可惜了这双手。"

其年7月，当中药的腥味日渐呛人，暑热愈加逼近之时，倔强而心有不甘的母亲走了。从学校赶回来的我们五兄妹齐齐地站在母亲床前大放悲声。母亲双眉微锁，是痛？还是放心不下？最后是怀抱着母亲的大姨边哭边揉着她的眉心，才舒展开来。望着白床单覆盖下母亲尚未僵硬的身躯和殡仪馆工人粗鲁的包裹，还不经意让母亲的头撞到了床沿，我们都大叫起来："你们没有娘吗！"母亲弥留之际曾托付我不要火葬，想回奔牛乡下和外婆外公葬在一起。可当时的情势，不惟父亲不敢作此非分之想，就是派出所、居委会也不会允许"右派分子"的家属土葬。两天后，装着母亲骨灰的黑色大理石盒子由我们捧着回家，安置在小房间的壁柜里。连着两三天，我夜夜梦见母亲，梦中大雨如注，道道闪电划过，她面色铁青地站在房门口注视着我们，惊恐之中，我怎么叫她、喊她、追着她，她都不理我……父亲和我们，与壁柜里的母亲相守了30年。

1966年5月，那场历经10年、史无前例的政治运动开始了，而真正"横扫一切牛鬼蛇神"的混乱从8月开始，红卫兵应运而生，父亲又被勒令每天去居委会报到。上班前"早请示",下班后"晚汇报"。父亲左胸前要求缝上一块白布,写上"反革命右派分子"等字样,开始像电影《芙蓉镇》里被批斗的主角秦书田那样每天扫街,非人的羞辱和精神摧残随时袭来。母亲走得是时候,若非如此,真不敢想象以她的心性何以能够忍受接踵而至的凌虐。父亲每天除了从事繁重的翻砂劳作,还要早晚报到,并扫完划定给他的街区,基本两头黑。我们心疼父亲,每天做好晚饭,趴在朝北灶间的窗口,看到他的身影走进151弄,就赶紧热上饭菜、泡上热茶看着他食用。父亲的早起晚归使他养成了晨练的习惯,下班也不再坐24路电车,而是每天带着几个刀切小馒头步行返家。我们五个成了"黑六类"子女,小弟小妹每天上学放学备受里弄顽劣小屁孩的冷嘲热讽和恶作剧。我们放学回家都自觉地做好各自的功课,也不再愿意下楼和邻里同龄孩子嬉闹玩耍。轰轰烈烈的政治运动如火如荼之时,我们似乎都与外界隔绝而封闭起来生活。在20多平方米空间的家中,由大哥将父亲每月53元钱的工资分列为各种开销预算,维持着一家六人基本生活用项。

  在那段时期,学校都停课"闹革命",红卫兵们开展"全国大串联""取经送宝"。因为父亲的缘故,我们兄妹五人无一被任何一个红卫兵组织接纳,只能羡慕那些戴着臂章四处威风的同龄们。幸好父亲虽然从事的是纺织技术与管理,但自小念书,接受和喜好文史哲类专业知识,历年购藏了不少书籍图本和早年学习书法的各种碑帖,纵然数量有限,但加上后来陆续为我们购买的小说、连环画和其他课外读物,成了我们阅读和学习的全部财富。包括《古文观止》《三国志》《康熙字典》《说文解字》《瀛台泣血记》《赵文敏公道教碑》《高女墓志铭》《张迁碑》等,以及《青春之歌》《红岩》之类我们

在连环画大师贺友直先生的颁奖仪式上合影

当时一知半解的读本和习字的范本。我又开始了时断时续的绘画自学，临摹华三川的《白毛女》《交通站的故事》，贺友直的《山乡巨变》《李双双》，戴敦邦的《红楼梦》和插图版的《水浒》。苏联《星火》杂志的黑白插图以及解放军画家董辰生那生动无比的《黄继光》彩色画本，是我沉迷其中的精神乐土和忘却窗外世事的不二学习范本。我的研习认真细致，临摹华三川先生的连环画作品几可乱真，以至得到后来偶然结识的上海人民美术出版社编辑瞿国良先生的赞赏，并执意带我去家住愚园路的华家拜认老师。我的临摹稿画面干净整洁，技法一丝不苟。华三川先生端详了半天，一边连连说画得好画得好，一边叫出夫人和儿子华其敏一同观赏。能够得到先生的认可，自是给我打了气，我就更加注意收集华先生的各类作品，在进一步的学习和创作中，不仅得其形意，甚至还熟练掌握了他的勾线方法和用笔特征，并且尝试着自己选择小说故事，自行改编，画起华先生风格笔法的连环画插图来，而且学着先生的多样形式，彩色、黑白的都能画。

一天，父亲厂里来了一卡车抄家队伍，其中还有不少人都认识父亲。因着父亲平日里谦和待人，还兼通文墨，工友中不少人还以"冯先生"称呼。他们将所有泛了黄的纸装书和善本碑帖，和着母亲在世时存下的几块布料、被面等装箱封了起来，让父亲签了字后装上了卡车，还将其他的书籍杂志一股脑儿放进书橱，贴上封条。

本以为事情就此过去，却未料想我的中学同学也上门来采取"革命行动"了。如果不是三楼亭子间的叔叔丁祥伦适时出现，我的同学们似还余兴未消，不知收敛。直到今天，但凡听到急促的砰砰敲门声，我的潜意识中就会条件反射似的出现梦魇般的战栗。那一夜，我相信我的兄弟和小妹都会一夜长大。

狂飙过去，生活还要继续，收拾完狼藉不堪的家居什物、书刊衣被，兄妹五人都沉默不语，但都誓言不辱门风，再振家声。一切又恢复如常。父亲照旧早出晚归，只是原先挺直的腰板明显前倾了。大哥继续自学数理化，我和三弟、小弟重新恢复习画，瘦弱的小妹还经常要在上下学路上躲避无良小子们的阴损使坏。听说冯家的几个孩子循规蹈矩，还会画画，此时急于营造红色宣传氛围的街道里弄忽然找上门来"邀请"我去帮助抄写黑板报，美化"大批判"专栏。隔壁红星幼儿园的围墙上，居委会有意要请人绘制领袖画像，询问我可否一试。虽然这多少令我感到意外，但转念一想还是一口应承下来。我的第一意愿，是想为父亲挣回面子，临摹作品于我并不费难。三四天工夫，一幅3米多高的伟人像就已完成，引来街坊四邻和过路人一副惊讶的神情，人们看待我们家的眼光顿时和缓了起来。收工那天，父亲下班后特意过来看，虽然天色已黑，但他那满心喜欢的神态，看得我

难以忘怀的日子

当时鼻子直发酸。也许是我临摹能力强,接连受到多个单位邀请,创作的几幅领袖巨幅像既不走形,颜色处理也协调,在到处刷大字标语,掀起红色海洋宣传活动中颇受群众青睐,居委会也颇觉光彩。我一次次爬上5米到8米高的铁管子脚手架,拎着油漆桶和调色盘,挥洒着油画颜料和油漆涂料混合调配的色彩,一幅幅领袖画像经我的劳动如约完成。名声传开了去,排队预约的单位部门陆续找来,我感觉像是找回了尊严。没有报酬,没有补贴加班费,赶上特殊的献礼活动,单位还要搭起照明灯光,要求我日夜赶工。那些单位只是管了我每天的饭食,虽然如此,还是让我感受到可以凭本事自食其力,有了可以用劳动换碗饱饭吃的成就感。偶尔,我也会叫上小弟一起去那家单位食堂,凭饭票吃上一顿荤素搭配的可口饭菜,看着他红烧肉吃得香,我就颇有尽一份兄弟责任的满足感;但每次总像做了亏心事,生怕别人看到不好意思。

我认真地对待每一幅领袖画像的制作，开始带着一种崇拜和礼敬之心，不避风吹日晒，细心地处理人像头部的每个细微结构部位，逢上雨天，就在油毡棚里继续每日的进度，疲惫不堪之时，我甚至想着这也许是在替父亲偿还"罪孽"。掐指数来，前后绘制了各种各样的伟人大幅图像二十余幅之多，每完成一幅，就像在为父亲超度一次。

我和弟妹、邻里无趣中收集了各种开本的塑料红皮《毛主席语录》，并以书法抄写其中经常用到的段落章句，同时还和藏友们交换收集各种形制的金属领袖像章、徽章，并以品种丰富多样而骄傲地炫耀。

在这动荡的两年中，我就是在周而复始地抄写板报、各式专栏、画伟人像和自习绘画中度过了我的初中时代。初二班主任、俄语老师余宜男和年级组长、语文老师朱家琪忧心忡忡地给我们这批即将离校的1967届初中生一一写了鉴定，签了名。

那年9月，班里大部分同学纷纷接到分配通知书，兴高采烈的，去什么单位的都有，我也在忐忑中期待着命运对我的发落，而彼时能去厂矿当上"领导一切的工人阶级"，是无上荣耀的事情。左等右等不见消息，心绪不宁的我还在脚手架上画像的时候崴了脚。凭着经常配合驻校工人毛泽东思想宣传队工作，我鼓起勇气询问分管宣传的工宣队、上海轨线所的刘立群师傅，他轻描淡写地说："呵，通知早来了，是上海七一拖拉机厂，蛮好的工矿，只是轨线所和系统内还有几张毛主席的像要画，等你画完了，再去报到吧。"报到通知原来是压在了他们手里，但我强抑着心中的狂喜：我终于可以像那些红卫兵一样当上工人！嘴上却讷讷地说："那好吧。"

1968年12月，正待我奋战在计划中最后的两幅画像的制作中，最高指示下达了："知识青年到农村去，接受贫下中农的再教育，很有必要。"毛主席的指示传达不过夜，各个学校的红卫兵连夜纷纷表示争当去农村做改天换地的英雄汉，敲锣打鼓地组织队伍上街游行。浩浩荡荡的队伍从长乐路蜿蜒经过东湖路，在淮海路融汇多个学校的队伍形成人流，一路滚滚向东而去……加班回家的我，一路上脑袋沉甸甸，一夜之间，已经确定的分配通知一律作废，城里厂矿企事业单位无法消化大量的毕业生，知识青年上山下乡已成最高决策。1967届部分、1968届全部初高中学生城市一个不留，要求自愿报名去江西、安徽、云南、贵州、吉林农村，内蒙古、黑龙江生产建设兵团和上海郊区的农场务农……街道里弄的阿姨、婶婶们做思想劝慰鼓励工作周到细致，大红喜报一家不落地贴到应届毕业生的家门上。工宣队、军宣队似乎觉得亏欠了我，想做些弥补，说是从去黑龙江军垦农场的名额中挤出一个"可教育好子女"的名额给了我，并且再三说：去军垦农场的是要三代工农出身、根红苗壮的红卫兵连排长以上的才可以，这是组织对你的最大信任和关怀，不要辜负了组织的期望，等等。记得当时，心中有苦说不出的我还是表示了感谢和决心。

是时，中国边防部队正与苏联因乌苏里江主航道中国一侧的珍宝岛发生军事摩擦。高一的大哥信心满满地报名去了江西，说是万一打起仗来可以在江西先立足建立一个根据地；三弟打算选择去安徽滁县的农村插队落户；我则将于第二年五月，和一帮红卫兵加入赴黑龙江屯垦戍边、保家卫国的军垦大军。

呵，我挚爱的上海，我喜欢的黄浦江那熟悉的嘈杂声中低沉的轮船鸣笛和苏州河那发散着腥臭气息的拍岸浊浪，我要离你们而去，

1969年5月7日出发去黑龙江

不知还能否回来。临离前的某日，我爬上黄浦江堤墙，凝神放空了半天，回家很晚，而后轻轻拉开壁柜，呆呆地望着母亲的骨灰盒沉默不语。父亲知道我心里苦，无言地摸摸我的头，他也在为三个儿子准备出远门所需的服装犯难。画画曾给我以快乐、安慰，画画确也带给我太多的劫难与苦涩，福兮！祸兮！再见了，冤家！我恨恨地将油漆刷子、油画笔和颜料全部掷进垃圾桶，又将浸满油渍的画稿图片一把火烧了，那燃烧的火焰灼烤着我的脸庞，针刺般的疼麻。

1969年5月7日，上海彭浦火车站，连续二十多天，一列列绿皮车载着无数不谙世事的少男少女奔赴祖国四方。记得那天，简易的车站站台上红旗招展，广播里歌声嘹亮，月台上人山人海，父母子女、兄弟姐妹、朋友同学们彼此呼唤谈笑着。我执意不要父亲请假来车站送行，是心疼他会伤心，但是小弟小妹还是赶来车站，藏在人群中却不告诉我。汽笛拉响，出发的时刻到了，站台上前一刻还欢声笑语的热烈气氛，顷刻化为大呼小叫的关照叮咛和撕心裂肺的再见声，车轮转动,车上车下更是一片哭别声。倚着车窗,我任由那眼泪像断了线的珠子扑簌簌地往下掉……

(注)舞勺:童年的代称。古人对婴、幼、少、青男子的年龄称谓名目繁多,不以数字称,而以襁褓(婴儿)、孩提(2—3岁)、始龀(7—8岁)、总角(8—14岁)、黄口(10岁以下)、舞勺(13—15岁)、束发或舞象(15—20岁)、加冠或弱冠(20岁)等称谓,雅致有趣。

第二章
荒原纪事

> 如果说生命是一次偶然，那么生活就是一场无法逃避的修为过程。

——题记

1969年5月10日，经过三天三夜的漫长车途，在黑龙江嫩江平原的一个叫拉哈的小站，一整列绿皮车厢卸下了数千上海知青。从火车站到诺敏河渡口需行军30里。五月份的东北早晚还寒意料峭，渐渐西沉的金红色落日，一眼望不见村庄的边陲之地，只听得沙沙的脚步声，没有人说话，三天前上海车站上人头攒动、鼓乐齐鸣的情景换作陌生的无垠荒甸，每个人都怀揣着心事，想象着不可知的未来。当夜色渐浓、繁星开始闪烁之际，但见对岸数十辆嘎斯69卡车亮着明晃晃的车灯蜿蜒而至，装上千余名疲惫不堪的知青，分别送往查哈阳大烟囱五十五团的各个营连。

在生命最富活力的年华里，我在那里前后经历了8年的务农生活。我和来自北京、哈尔滨、鸡西的战友们耕耘稼穑，春天送肥播种，夏日铲地锄草，秋天里收割贮藏，冬日脱谷伐木和参加时不时的军训活动，便是日常生活的内容。简单的劳作，简易的农技，一学即上手，但每天每月每季每年周而复始地重复着同样的内容。身材不高且单薄的我，在那里一滴汗水摔八瓣，毫不惜力地挥霍着体能。许多次扛化肥包踩空跌进水渠，摔得鼻青脸肿；许多次与老天虎口夺粮，哈着腰在水里捞麦被镰刀割破了手脚；多少次为给大豆入囤扛着麻袋爬三级跳板，摔伤扭了胯；多少次在800米长的趟子地里收玉米、在水田里拉播籽车、铲地累得趴在田埂上起不来。这为的是考验自己的意志力，求的是能够获得贫下中农老职工的好评，兑现"可教育好"的组织信任；想的是父亲说了"对不起人民的话"，"做了对不起人民的事"，我来替他"还罪"的好子女的承诺。在那里，我真切地品尝了各种文学作品中描写的"瘫倒在地""北风像刀割一样刮在脸上"……这些形容并非虚妄夸张。我和荒友们在广袤的土地兼课堂和逼仄的宿舍兼会场间，在各种思想教育中，在多次抗洪救险、扑火护林中体验着"苦其心志，劳其筋骨，饿其体肤，空乏其身"的艰苦磨炼，在旷日持久的重复劳作中健全身心、明白事理。甚至还时时通过自找苦吃和有意用近乎自残式的体能消耗来验证"自我革命"的意志与真诚坚定与否，并以此作为在灵魂深处"闹革命"、自我脱胎换骨改造的考验。

黑龙江有着最为瑰丽的四季风景，金色秋天里的蓝天白云，就似一幅幅俄罗斯画家列维坦、希施金笔下的精彩之作；冬天的白桦和杨树在冰雪阳光的映照下劲健挺拔；夏日的鹅蛋黄般明亮的橘色月有脸盆那么大；春天里不同绿植参差交叠覆盖着旷野……和我的同龄人一起，我们在那里都经历了兴奋、狂热、激情冲动的岁月，也深切体味过挫折、苦闷、彷徨、消沉和无数个不眠之夜，包括青春年华初尝爱情、偷吃禁果的甜蜜以及失恋的痛苦……我还与同炕睡觉的一位好友表露了想回到上海黄浦江边画画的愿望，在他无意中将之作为思想

青涩岁月

汇报说了出去后，我因"扎根边疆思想不牢固"而错过了入团的机会。我们把将近3000天黑白交替、日出而作、日落而息式的劳动付出看作是对新中国粮仓建设的奉献，是自我人格修炼、三观确立成长的必由之路。而于我来说，能够在苦累中聊以自慰，自我作乐的，就是一支铅笔、圆珠笔或毛笔可以画画，画劳作中的人和景；画一排长张大吹、"窝瓜蛋"三排长、少言寡语的二排长王金凤和他的媳妇管秀珍；画一起劳动的木匠家的闺女王霞、学校老师家的姑娘曹淑星、知青劳动标兵"铁姑娘"孙猴子；画地头学《毛选》、机修班射击训练；画刨粪沤肥、菜园子班职工插秧；画北大荒晨起炊烟、血色黄昏。那一刻，我能够放下一切，获得全身心的释放和精神的自由。

两年后，对大多数人而言，各种机会来了，征兵、招工、上大学，隔三岔五就有名额下来。那些出身于革命干部、军人、工人、贫下中农家庭的红卫兵团、营、连长们，作为首选的根红苗壮的好苗子，陆续通过应招奉调走了；出身条件较差的同来的战友们也因此各怀心事，寻找机会，通过家庭特困和因病返城等门路，离开查哈阳连队奔向各自的前程。往日里气味混杂的知青宿舍中一改喝酒猜拳、打牌聚赌的风气；高中生开始复习从家中寄来的书籍课本，以备机会来临时一搏；初中生们开始关心各种专业技能与手艺学习。我则恪守着多年养成的作息习惯，收工饭罢洗漱完毕，上炕一头钻进放下的蚊帐中，在铺盖的垫被上，就着宿舍内昏暗的灯光阅读摘录当时传阅和所能找到的各类文学作品，如《钢铁是怎样炼成的》《牛虻》《安娜·卡列尼娜》《红与黑》《战争与和平》等等，我的思想随着文学巨匠们设计的故事情节展开着各种想象，宛如一幕幕生动的电影画面，充实丰富着白日里庸常的生活。我们在家信中、在迟到的各式报刊中、在半导体报道的新闻节目中、在时断时续的"莫斯科广播电台"中，关心了解着国内和国际发生的事情。端着饭碗、如厕归来，甚至熄灯之后在黑暗中还不倦地开展着关于时事的各种讨论与争辩、关于读书心得体会的分享与交流……那是一段充满遐想、热情四溢的难忘的岁月。尽管每天面对黑土地从事着繁重的体力劳动，但荒友们却从未曾消褪去生动各异的天性和热情，以一颗未被世俗功利浸染玷污的心灵，对"世界"发表着各自的观察与品评。

　　季节轮回，农耕依时而作。黑龙江三季短而冬季漫长，白天日头东升西下在天上划个半圈，也就六七个钟点，长夜漫漫。除了劳动出工、完成名目繁多的思想政治学习教育和军事训练，以及时不时的嬉闹打斗解闷外，知青们做着各自爱好的事情。小说看多了，胡思乱想的也多，偶尔有电影放映队来连队放电影，虽然颠来倒去总是那几部，但却总会勾起我的兴趣。是时，上海江南造船厂的工人和设计师们自力更生、奋发图强，制造出万吨级远洋货轮"风庆"的事迹传遍神州，感动了许多青年人。我突发奇想，这是个颇长国人志气的好题材，过程曲折丰富，试航惊险有画面，拍成电影会很好看。从未有过电影剧本写作经验的我，尽可能地收集各类报刊的通讯报道和报告文学资料，以为这样就可以进入写作了。为了创意处理多个剧情细节，我先把自己感动得热泪盈眶、热血奔涌。秋收最忙乎的日子里，我都未曾停止写作，"一气呵成"地完成故事剧本，又凭着兴趣和想象细化为分镜头剧本，以为自己做了一件很有意义的"作品"。包扎停当，等来一天下雨不出工，我穿上雨披，踏着泥泞，走了四五里地，到大烟囱团部邮局把剧本寄往上海天马电影制片厂剧本创作室。临春节之前我收到了简短的退稿信，记得拆信的时候心怦怦跳，回信说得很客气："冯远同志，感谢你创作并寄来的'风庆'轮题材剧本，经研究，我们认为剧本的故事结构较为松散，人物形象塑造不够鲜明、个性不够突出，希望你继续修改、创作出好剧本……"犹如一盆凉水兜头浇下，我写作时的热情瞬间降至边地的零下30度。

不能灰心，天下没有轻而易举之事。隆冬时节，连续半个多月，我在刨粪积肥、凿渠清淤之余，反复思忖如何使剧本结构紧凑，如何令剧本中的主要人物能够像电影《火红的年代》里于洋扮演的角色那样顶天立地，塑造出高大上的工人形象。没有实地的生活体验，没有浓缩架构故事情节的文学功力，未得人物性格、语言塑造的基本要领，依然凭着阅读的想象去修修补补，我寄出了自以为好于第一稿的修改本。这一次，就再未有结果，真正地泥牛入海了。

电影是需要团队集聚智慧，各环节紧密协作、共同完成的一项技术工作，远非是一个仅有写作热情与兴趣爱好的毛头小子莽撞触及便能成事的。也许唯独绘画，才是全过程可由个体把控的专业。现实让我重新回到绘画，但我还是选择了与电影有着某种相同特质的连环画。我可以自己确定题材，自己改编故事、切分情节，自己担任导演、演员、摄影、美工，等等。在篇幅长短不同的故事叙述中完成全剧主次人物的塑造，同一角色的多个侧面、表情、姿态变化的呈现，以及不同情境的构图场景设计。严冬尚未过去，窗外朔风怒号，宿舍内麦秆烧炕呛人的烟雾缭绕，在熏黄的蚊帐内的一方天地中，我又展开了创作，任思想自由驰骋。我改编了当时已在全国广为传唱的京剧样板戏《智取威虎山》。用东北的糊窗户纸裁订成练习簿大小的纸本，按照小说《林海雪原》的基本脉络，分为上、中、下三册的规模进入创作。图画中剿匪部队的少剑波、杨子荣与匪首座山雕斗智斗勇、周旋于雪原的情节起起伏伏，日积月累，让同睡一铺炕的荒友们的眼神由不解逐渐转而惊诧。

连队订有《黑龙江日报》和《兵团战士报》，多张贴在知青宿舍的外墙宣传栏里，文字之外还时常有组画、插图、尾花之类，大多水平一般，有的还敷衍潦草，战友们经常对此品头论足。我看在眼里，心里多少有些不服，转念一想，何不创作几幅投稿试试？有了失败的经历就不想声张，我悄悄构思了四幅一组的系列组画，主题分别是"学习最新指示、送肥到地头、修理农机具、选种育苗忙"。黑白毛笔画，适合时事宣传、报章制版印刷。为不误农期，我挑灯创作，邻铺的安徽小老弟黄涛半夜撒尿回被窝，一头伸进蚊帐看我还在作画说："还不睡，你这是干啥？"看我完成的画稿，一迭声地说："太棒，太棒了！"我即刻厉声喝止，并再三申告务要保密。

约摸过了七八天，有天傍晚收工回宿舍，烧炕老头带话说："冯远，梁指导让你去连部。"叩门入得连部办公室，朝鲜族大汉梁指导员劈头问话："冯远，这些天你都干啥了不报告？"我一愣："没，没干什么呀！""哼，无组织无纪律！"看我受了惊吓，梁指导哈哈大笑起来，说："好事嘛！为啥藏着掖着？"随即告诉了我原委。原来《黑龙江日报》收到我的稿件，认为很好，拟刊用，但那时发稿需要政审，了解我的出身、政治面目与表现。爽直痛快的指导员转身摇起电话，通过场团总机，辗转接通哈尔滨报社当值编辑，还大大地夸赞了我一回。

又过了一周光景，迟到的《黑龙江日报》终于到了连队。早有连部出纳眼尖，看到了2月7日第四版右侧竖排署名黑龙江生产建设兵团某部战士所作的"打好农业大会战"备耕组画，瞬间连部人员争相传阅。当我和二排的知青战友扛锹挑筐回到宿舍时，众多的荒友居然揪住一身灰土的我抛了起来，一边"哦！哦！"地呼喊叫唤着。那一刻，如果说在上海第一次完成临摹毛主席画像得到众人的夸赞是一种愉悦的话，那么我处女作的发表，才是让我真正感到自豪的。遗憾的是母亲看不到这一天了，这是令我喜悦之中黯然神伤不已的。

接踵而来的是团营和相邻连队各种有关墙报、专栏以及"批林批孔"的大批判专题。需要画画的找来，团俱乐部电影要画海报的找来，省报和《兵团战士报》的插图、文章题头画稿约纷纷发来……农闲时节，师部宣传科举办的美术创作学习班通知我参加，侯国良、吕敬人、刘宇廉等几位学兄还不时给我传授创作独幅画的经验和规律。又有团部文艺宣传队的舞台布景和幻灯片催促我加班绘制，一时间我竟忙忙碌碌不得闲。但我的身份仍然是连队农工，完成各式任务后还须归队参加生产劳动。邀约我参加创作活动的层级越来越高，佳木斯兵团总部举办的创作学习班也给我以机会，兵团的上级单位沈阳军区政治部宣传部组织的全军美展创作培训班也发来要求准备草图、参加观摩加工的通知。这让我感到了巨大的压力：冯远你行吗？

1973年早春，在沈阳军区政治部宣传部组织的创作培训班上，我不光结识了当时的在职著名军旅画家关琦明、孙德明、宋雨桂等，还认识了同是兵团知青的知名画家赵晓沫、沈嘉蔚、王彻山、何宁……他们都是从中央美院附中毕业去的黑龙江，彼时都是在国内小有知名度的油画、版画家。在学习班上，我创作的表现军民鱼水情深、合作练兵的《军民渡》组画，得到了众多部队画家和荒友们的悉心指导和帮助。我性格内向，不善言谈，时任驻赤峰军分区宣传干事版画家宋雨桂待我尤为关照，除鼓励支持之外，还常常就独幅画创作与连环画创作的主要差别，以及从构思立意、素材取用到表现形式一一给我做讲解。对于一个仅从临摹入行的绘画新手来说，所缺失的环节和需要完善提高的技艺，都要在大量的学习训练实践中去逐步改变原有的习惯方式，并一一加以弥补。

在沈阳军区八一俱乐部为期15天的学习班上，我还结识了鲁美附中出身的王新滨、曹淑勤两夫妇；在辽宁美术出版社当编辑的曹老师看了我的画作后，热心地把我介绍给了同社连环画编辑室的费长富老师。几天后，他给了我一个文字脚本——抗日题材《扑不灭的烈火》，虽然仅七八十页的故事篇幅，但对于初入行的我，却是一种信任和激励；也因此，北方人的爽直、麻利、做事果决给我留下深刻印象。

也许是我勤奋努力，绘画能力提高显著。1974年夏天，兵团接到沈阳军区命令，抽调我参加解放军文艺社主抓的根据解放战争辽沈战役中，我军战士经过百姓家的果园，不吃一个苹果的真实故事改编的连环画《苹果树下》创作，配合部队"三大纪律八项注意"教育。我和王新滨搭档，先去吉林长春市公主岭3009部队体验生活，正在开凿隧道的部队官兵纪律严整，施工高效顺利。那时部队的设备落后，施工现场碎石烟雾弥漫呛人，对面几乎见不到人。士兵们戴着防风镜、捂着湿毛巾口罩，两小时一班地在机械的轰鸣声中轮番倒换着开山凿岩。休息时间组织学习毛主席著作，当时被中央军委树立为全军标兵——学习毛主席著作的模范红九连。我趁着他们休息和学习座谈时画肖像，战士们一个个撑不住困得东倒西歪。

初创的几个作品

我们在长春东湖的部队招待所里完成了107幅草图,解放军文艺社美术组组长刘俊仁、肖映川认为果园生活气息不够鲜明,需要加强辽西地方农村果园的环境特点。我们又去了辽西锦州附近的山村补充素材。我在那里走村串巷,寻找类似果树屯的场景特征,尤其是对百姓家院落里的生活什物家具——画了写生,连作品中的主要人物李大娘的造型也取自当地写生中的一位大婶形象,然后返回北京西直门总政招待所进行进一步修改并进入正稿绘制。前后历时三个月,创作终于顺利完成并提交送审。

10月仲秋时节,我还有幸参加了军博为期一周的全军创作培训班。在一次作品讲评中,黄胄先生为我们边讲解边即席示范创作了一幅《雪夜巡诊图》,图中表现了一位解放军女军医牵着骆驼冒雪前行的形象。黄胄先生的如椽大笔,信手挥洒,气势非凡,令我印象深刻。每天晚饭的一刻,我都会请假沿着西直门内大街至新街口一带遛弯,一路观赏京都种种风情,从满口京腔的童叟到沿街兜售叫唤的摊

和当年黑龙江知青画家们在一起

贩，往来车马人流，让我好生亲切。部队大院进出均是军人，管理严格，唯独我一身蓝布装，每每出入皆要受到值勤门警盘问。我在那里还结识了大画家何孔德、高虹、彭彬和许洪流、尚沪生、崔开玺、董辰生、陈玉光、刘柏荣等一批当时名震海内的画家。何孔德先生还在创作间隙，在硬纸板上为我画了一幅肖像。那是一段于今想来都让人心存感激的美好日子，而在当时，是多么想能够有机会来北京学习工作……

1974年冬天，是我下乡五年后第一次回上海探亲，我带着积攒下来的存款和各种出差补贴共700元巨款，拎着装满两旅行袋的东北大豆、木耳和豆油，深夜叩开了阔别五年的家门。已经高我半头的小弟披着件薄棉袄起来开门，操着一口过了变声期的无锡乡音道："伲（你）转（回）来啦！"头发花白、背已微驼的父亲慈祥地招呼着我，多年的精神重压和岁月磨折不光改变着一个人的容颜，也可以重塑一个人的性格。大哥和三弟都很硬气，分别在江西、安徽农村全靠挣工分养活自己，从不向家里伸手，没有钱就孤身在外过年。实在遭遇困难，偶尔也会写信请我救急。幸好兵团每月还有32元钱的工资收入，除了偶尔接济兄弟，每月还能寄钱回上海，帮助父亲维持家用开销。我用那笔"巨款"为弟妹重新置装，粉刷屋墙、油漆旧家具、添置必要的家什。是想一扫积年晦气、振兴门楣……那是一段难以忘怀的艰难时光。

我的首本连环画《扑不灭的烈火》于1974年出版，据说这本小册子在同行间竟产生了不小的影响。连环画《苹果树下》于1975年出版，作为解放军部队文化教育读物，发行至全军每个基层连排单位。而在之前，总政还选出其中8幅参加"第五届全国美术作品展览"，并获了优秀奖。在参加部队创作活动的前后一年半中，长春3009部队和总政的刘老师都曾想招我入伍，但一政审，父亲的问题结论不清令他们无奈搁下。他们惋惜友善地派车送我上回黑龙江的火车，记得当时失望的眼泪直在我眼里打转。

离开连队才几个月，昔日吵闹的宿舍又冷落凄清不少。战友们各找机缘，上学的上学，招工的招工，当文艺兵的穿上绿军装喜滋滋地离开连队，除了在等待病退的几个北京知青，还有在办着辗转回老家插队的上海知青。每次去送他们，心情从早前的兴高采烈变得越来越沉重。我又回到了日出而作、日入而息的生活状态，但心里再也平静不下来。想想先逝的母亲和分处四地的父亲兄弟小妹，真要扎根边疆了吗？！那是一种怎样的无奈。

听说大学恢复招生了，还不问学历，主要靠贫下中农推荐，我心里重燃希望。我谢绝了一切外来的邀约指定任务，打定主意就在排里干活，努力劳动，为的是争取给老职工好印象，推荐时能投我一票。冬天脱粒，棉衣、秋衣前后汗湿，休息时烤火，前胸滚烫，后背结冰；春天播籽，拉着播种车在齐膝深的水田里一趟得走上200米，一天得走60个来回，汗水顺着发梢往下滴……但那是一段似乎"目标"明确的日子。可放眼身边的荒友，大多出身不是工人就是干部子弟，"差"一点的父母还是大学老师，政治条件都比我好，况且谁不想上大学？大家干活都卖力，嗨！

终于公布推荐名单了，我以微弱优势排前三还是有点悬。幸亏指导员任国栋在大会上说："这次招生的学校中有两个名额是上海戏剧学院舞美系，咱连会美术的就冯远，给他一个机会吧！"大家伙表示同意。因为上海戏剧学院有专业基础要求，在团部集中考试时，招生老师要做专业摸底，给大家出了道画题"边疆的早晨"。我画的是劳动生活中的图景，早春东方红-54拖拉机翻地，背景成行的白桦树和蓝天白云。监考中，那位戴眼镜的招生老师在我背后说："同学，你画得不错，学舞美可惜了。"当时我不明白是何意思，后来公布结果，我因为政审不予通过，最后录取了50团的一位上海知青。当时心里很不是滋味，没听说他会画画呀？一直到后来才知道，那孩子是上海戏剧学院舞美系一位木工师傅的儿子，敢情是奔着"目标"来的，但也是同命鸟。

又是一年，中央工艺美术学院来黑龙江兵团招生了。是师部俱乐部的吕敬人告知我的消息，凭着上一年推荐成功的余温和老职工们的同情心，我报名领取了准考证，按要求乘车赶到九山考场。考试题目是"一次有意义的活动"，我画的是兵团战士和老职工锄地休息时在田间地头读报。环顾四周，自忖发挥尚好，因为有创作连环画的经验。焦急等来的结果还是未能录取，理由是父亲的问题结论不清，说还有个1949年去了台湾的叔叔……管知青招生的军务科长是个仗义执言的现役军人，为我据理力争：不是还有"可教育好子女"的名额比例吗？

招生老师的回复是：他考得是不错，可结论不清，我们不敢收哇。

那天，失魂落魄的我，不知怎么回的连队。机会再次擦肩而过，从九山师部乘车返回拉哈，又在煤炭转运站搭车到了诺敏江边，我在江边来回地走，望着江水依旧不紧不慢地流动。等来了渡船过了江，再求货车司机把我捎回大烟囱。在团场部遇见50团的上海同乡知青励忠发，跟他说了句："我政审没过，不行了，你赶紧去！"就一屁股坐在了地上。回到宿舍，荒友们看着脸色阴沉的我，谁也不敢上来搭茬。我抖开铺盖卷，放下蚊帐，倒头躺下，任由止不住的眼泪尽情流淌。大约两天两夜，我没起床，荒友们端来的饭菜凉了又热，热了再凉。"老天呀，这也太不公平了吧，人生的路，就这么窄吗？"后来沉沉睡去，梦里家山父母兄弟小妹笑逐颜开的情景宛若就在眼前，又影影绰绰。

第三天，太阳照样升起。我扛起铲子跟着大家一起下地。副连长王秀云听说了，特意过来看我，她从口袋里掏出两个还热乎乎的鸡蛋装进我的兜里，半晌，拍拍我的肩膀，说了句："冯远你还小，还有机会，别灰心。"又一晚，指导员的媳妇杨秀清捎话来招呼我上家去，出身富农的杨嫂特地为我炒了几个鸡蛋，那是我这辈子吃过的颜色最好看、味道最香的鸡蛋。谢谢！我亲爱的父老乡亲，在我最为困厄的时候，是你们以最朴实、最简单甚至无言的方式，宽慰鼓励我，给我以生活的勇气和力量。

1975年的入秋，正在秋收中的我，接到宋雨桂来信，说是出差齐齐哈尔，想来看看我。约摸一周后，我搭乘连队运粮的小拖车去诺敏江边迎他。记得那天夕阳正西沉，凉风袭人，我俩搭了辆牛拉板车，背靠背地一路嘎悠嘎悠往回走，一边唠着近两年的情况……当年出身山东的逃荒娃，自小随父母到辽宁抚顺当挖煤工，也是靠着喜爱画画后来考上鲁迅美术学院学习版画，赶上史无前例的年代也屡遭磨难，囹圄之中，宋嫂入监探视私订终身。毕业后入伍当了文化宣传干事，转业至辽宁文艺创作办公室（"文化大革命"前的文联），是一位正牌的根红苗壮的革命干部，还英俊挺拔，长得一表人才。攀谈间，兄台一路为我打气鼓励，想着如何能帮我一把。眼前秋天景色，一如当年初见般美丽，可当时我的心情却灰蒙蒙的一片迷惘、茫然，对此全无知觉。

推门走进宿舍，一派凌乱不堪、气味混杂的景状令我都不好意思，兄长扫了一眼说："你得出来。"没有什么可招待远道而来的兄长，记得跟食堂师傅要求破例炒了盘辣椒肉片，再就是蘸着我每天必食的辣酱，就着玉米渣子饭，这是我当时能够做到的全部。宿舍没法安排兄长过夜，只能去五里地外的团部招待所住夜。我把他送上便车，临离时他说了句"还是得想办法把你捞出来"，我就一直望着便车消失在暗夜中。

那些时光里，能够给我以宽慰的是出版社的稿约不断。尤其是上海人民美术出版社热心助人的任伯宏先生，前后给了我好几个创作本子。虽然日子过得沉闷，但是连环画创作转移也暂缓了我的焦虑感。后来又有《杠棒的故事》《小向导》《钢铁边防线》，辽宁美术出版社费长富、林瑛珊的约稿《战地红缨》《李自成》等。在多种借调工作和冬假省亲的闲暇中，当别人在吃喝玩乐之时，我则在小闹钟的陪伴下，以每天3—4幅的进度，认真仔细地按期完成了各种约稿。很快北京人民美术出版社的《连环画报》、浙江人民美术出版社的《富春江画报》短篇约稿纷至沓来，陆续刊出、发表的连环画作品，获得了更多读者的喜爱关注和同行们的认可……虽然日常的劳作依然繁重，有时累得甚至都不想继续创作，但却让我的生活有了填充的内容。

　　老宋的努力并不顺利。招工？还跨省去黑龙江招一名只有技能，并无学历、证书的工人？辽宁难道就没有这样的人才？文艺创作办公室人事处的孙和甫起初并不认同彼时已是创作办公室副主任宋雨桂的想法。但是真诚仗义的兄长没有放弃，一次次地去说明、说服、说动直至说成。在孙处长的支持下，此事上党委会讨论通过，又去省人事局申请省外招工指标，而当年的指标已告用罄，需要等来年。

　　我依稀看到了前路的灯光，虽然不知道通往光明的隧道还有多长，但尽头微弱闪烁的光亮却给我以温暖。1976年，是中国最为暗淡、国人忧心的年份，国家领导人周恩来、朱德、毛泽东先后去世，让国人对未来充满了疑惧，更让身处边陲的我们不知所措。霜降秋涝之时，带着准予调动的商调函，兄长再次亲赴兵团营部调审我的档案材料，并执意要来集体宿舍看我。是时雨降方歇，兄长一路泥泞走进宿舍住房，满屋子烧炕的麦秆烟雾依然呛得人鼻眼难掩，南北两铺炕上荒友的铺盖卷油腻发亮，过道中间什物横陈。我和兄长坐在炕沿上说话，引来不少知青注目，他们狐疑的神情在烟雾中若显若隐。分别之际，兄长留下一句话："也好，这样的经历对你有用。"

　　接下来的几天，办理离队手续。收拾行李，分赠简单实用的物品，众多荒友羡慕地帮我捆扎行囊，去屯子里老乡家里和指导员夫妇一一告别。高兴惜别话，万语千言归为一句话："还是咱冯远有才，去了好好的，不要瞎了来之不易的机会。"记得出发那天，不少已下地的战友和老职工子女特意赶回来送行。

　　得偶遇宋雨桂，是我人生最大幸事，他和宗兰大嫂待我就像自家亲人。虽然世间常多锦上添花的好事，但在我最为困窘无助之时，是他坚决地伸出了雪中送炭的援手，没有他，我的人生可能会完全

相聚在雨桂兄嫂的丹东画家村

不同。1977年3月，我正式调入辽宁省文艺创作美术摄影组工作。在沈阳的日子，是我青年时代工作学习生活最为快乐，也最令人难忘的时光。大帅府西式洋楼当年赵四小姐住的二楼朝阳有平台的大房间，彼时正是省美术摄影组的办公室。作为组联工作人员，我的主要工作任务是负责美术创作、展览活动和对外联络事务。除二领导宋雨桂之外，大领导王冠老师是位谦和、智慧、幽默的长者，新同事金荣绂、田原、贾洪祥、李秀忠、夏秋等都在工作学习方面给予我帮助指点，热情能干的夏秋还给予了我许多额外的关照。我认真工作，积极主动地承揽跑腿出力、代办服务的事项，生活工作环境的大为改善，令我颇有一步登天之感。在与美院、美术馆、画院和各地市的美协工作联络中，我结识了许多辽宁的优秀艺术家，例如张望、王盛烈、宋惠民、广廷渤、吴云华、杜连仁、许勇等等。他们有的为我工作提供方便，有的积极配合活动展开，有的还细心辅导我的业余创作。这一机遇，对一个有理想愿望、真心进取的年轻人来说，没有比这更为宝贵的了。

白天努力工作，晚上积极创作，一个人吃饱了全家不饿，充实而又忙碌。我在那些日子里，精心创作了连载连环画《沈小霞相会出师表》、《聊斋故事》、《李自成》片断，还有那件于今想来多少有些显得浅白的独幅画《英特纳雄耐尔一定要实现》。星期天的大帅府楼里热闹非凡，各专业办公室的干部们从五七干校携家眷返城聚居此楼，周一至周六是工作氛围，周日则是居民楼情调，满院子满楼是孩子的嬉闹追逐之声。为避干扰，我常常将门反锁，然后从阳台跳窗回房作画。久之，常有王领导的女儿小红、小霓子和摄影家田原的女儿，像发现秘密一样，趴在玻璃窗上看我画画，小小鼻子贴着玻璃挤成个猪八戒鼻子，可爱至极。

10月，我接到北京人民美术出版社《连环画报》编辑部通知，要求去京修改《李自成》片断画稿。周六下班，我乘上沈阳去北京的列车，一路咣当咣当中掠过北国深秋大地。我抽出画稿，对应着编辑部所提的修改意见，正琢磨着如何调整，对座一位身材中等、五十开外年纪的中年人开门见山道："小伙子，你是搞美术的？可不可以让我看看你的画。"我满腹狐疑地打量着对方爽朗善意的笑容，将手中的画稿递了过去。于是，我们就有了一番相互认识的交谈，他就是朱乃正先生。车抵北京分手时，他提出择日带我去见他的好朋友，彼时名闻遐迩的卢沉、周思聪先生。

两天后的傍晚，朱乃正先生领着我如约来到白塔寺，叩开了卢、周先生的家门。他们好友相逢，自是一份久别之情溢于言表，寒暄过后，朱先生就嚷嚷："思聪，我给你带个不错的学生……好好教教这孩子。"作为南方人的卢沉先生蓄着短髯，周先生清秀端庄、短发型，两人都毫无名家做派。沏完茶，招待了朱先生，周先生便领着我到书桌画案前，和我扯了些家常后，从笔筒中拣出一支羊毫笔，濡墨为我做起示范来：先勾勒、后敷墨、再填色，皴皴擦擦，徐徐信笔，画中跃然而出一位挎着蔬果篮筐的闽南少女，再加上几抹简洁明快、水墨滋润的芭蕉……先生边画边作讲解，约一个小时光景，先生觉得满意了，才题上款并写上"冯远同志存念"；盖完章，周先生便呼唤卢先生，"你也来一张"。英俊壮硕且透着北方人坦诚爽朗的卢先生也是边讲解边画了一幅《童叟对弈图》。朱乃正先生和卢、周二先生说说笑笑，好不热闹。他们历数着分散多年、身居异地的老同学们的近况和种种逸事、趣事，言语间充斥着达观的人生态度和舒心的笑声。他们与我父亲相同的坎坷经历，让我从那些笑谈中感受到艰辛苦涩的分量，以及与底层大众相濡以沫、荣辱与共的生活磨炼，想着这是成就一位富有同情心和道德责任感的艺术家的人生必修课吧。

收起画作，三位先生一同询问了我的学画经历，勉励我在任何时候都不要放弃理想，要坚持努力，还说遇到困难可以去找他们。朱先生更是打趣地说："我看这孩子，将来一定行！"是时，窗外大雨如注、屋檐下淌水几成水帘，时近午夜，方雨歇风敛，周先生的两个儿女早已梦中去了苏州。周先生的婆母执意要留乃正先生和我过夜。但初次造访的我，安敢添扰，就再三告辞。黑暗中，三位先生送我出门，我向三位先生深深鞠躬，已记不得当时还说了哪些感谢的话，随后将示范画作放进贴身的衣袋中，蹚过积水横流的胡同，沿着地安门大街回到北总布胡同出版社招待所。

1978年，对中国人来说，是当代历史中实现重大转折的一年。在十年政治运动的满目疮痍中，一批有政治远见、雄才大略的国家领导人，响应人民和历史的呼声，掀起了真理标准问题大讨论，大规模地平反冤假错案，冲破束缚生产力发展的生产关系和上层建筑，国家和人民又重新看到了希望……

5月，首批来华展览的"法国十九世纪农村风情作品展"从北京移师上海展出，创作办公室美术组的工作人员有意组团前往观摩，组长金荣绂派我去上海打前站。那天我按捺不住先睹为快的迫切心情，早早到展馆细细观赏来自欧洲的经典杰作，那刻画入微的精妙技法和保存完好如新的色彩，生动真实地再现了法国农村的生活风情。徜徉之间，一同观展的任伯宏先生兴奋地告诉我："今天方增先也来了！""他是谁？"……伯宏先生将我领到蜚声海内外的大画家、新浙派人物画奠基人之一的方老师跟前。和先生作品中壮实的人物形象相比，真实的方老师身材不高，目光炯炯透着灵敏。伯宏先生的一番美誉令我这个自学成才的新手显得手足无措。方老师谦和地与我握手言谈，询问了经历，也鼓励我坚持努力。现场认识方老师的人很多，纷纷与之打招呼攀谈，方老师看我木然在侧，特意说有时间来家里聊聊吧，并且还给我留了地址。观众摩肩接踵的法国艺术展给我留下了极为深刻的印象，也坚定了我的志向。临离开上海时，我还真带着出版的几篇连环画和一些速写叩开了方老师的家门。方老师一一翻阅了我生涩的习作，问道："没上学？""是。""什么原因？""年龄过了。""怎么回事？""高考恢复后的年龄限制在25岁，我26了。""噢……"许久，方老师问："想不想上学？""当然想，但是行吗？""念研究生呢？""研究生是什么呵？"因为纯粹靠自学创作连环画，不了解科班学习的路数。"研究生？嗯，也是当学生画画，相当于大学五六年级吧……""那当然好，可是恐怕我缺档太多，有这个可能吗？""愿意来试试吗？可惜初试已过，如果你愿意，我来反映争取一下，如果可以你就来，如果说不行，你就好好准备明年来考……""谢谢老师鼓励，我当然愿意试试看，但不要让老师为难。"言语之中，我真切地感受到方老师的关爱和有意帮助年轻人的诚意。我与老师素昧平生，仅凭一位熟悉热心的长辈引见，未曾有过非分之念，竟意外地与方老师有了以上的这番谈话。我向老师鞠躬辞别，当夜返回北地，并按照方老师的提点，制订补课计划，想以此追赶失去的光阴。

7月，正在朝阳地区出差中的我意外接到了浙江美术学院发来要我赴杭州参加研究生复试的通知。这如何是好？基础基本空白，国画从未沾过，赴考全无胜算可能。放弃？如何对得起老师一番用心，必须得去！还得尽力考好且不计成败。靠着日常有限的积累，我登上南下的列车，一路背诵文艺理论和美术史。又在上海中转的四小时内，刮风般地到书店收罗来方老师的《怎样画水墨人物画》读本和几位名家的单片人物肖像写生，搜来宣纸毛笔匆匆临摹热手。翌日一早匆匆经过初试补考，便随着众多参加复试的老少考生走进考场。考题：半身人物着装写生，模特儿是一位头系白毛巾，肩背一把红绸缠把的大刀，叉腰扶膝立姿的青年人。第一次对真人画写生，还全侧逆光，我紧张地勾勒轮廓之后，以水墨渲染暗部光影。中午封卷用餐，出得考场，年长于我的学兄吴永良走在我前面，回头问我："小阿弟，哪里人？……脸上的墨少用点……"下午继续考试，我在正稿中按他的提示，加强了用线条精准塑造形象，而大大减少了光影因素。下午四点交卷，监考老师依序将试卷贴上墙面，艺术技能来不得半点虚假，水准优劣高下立判。我自知差距所在，却也并非天地悬殊，我感激方老师给了我这次历练的机会，并暗下决心，来年再试。

回到辽宁后一周左右，接到了方老师的亲笔来信，先生流畅且书体独特的蓝墨水钢笔字，虽寥寥数语，却让我铭感五内。老师婉转地告知我考试成绩不甚理想，但希望我不要灰心，认真准备，明年再试……北方早霜之际，我又接到了方老师的第二封信。信中说他因故放弃了本年度的研究生招生计划，明年再招，勉励我认真准备。虽然也是一页纸，内容简明，但对于我却是莫大激励，我即刻回信表达感激之情，同时也表示了加倍努力的决心。

然而最令我忧心的，还是父亲的问题尚未解决，虽然平反冤假错案已经开始了一段时间，1977年恢复高考，但是大哥也是因此未能上学。我们三个兄弟与父亲做了一番深谈。父亲虽然受尽磨难，表现良好，但内心并不承认加在他身上的"罪行"。我们主动去父亲单位人事处要求复查旧案，纺轴厂的政工干部不屑地说："你们才多大，怎么知道你们父亲当年对人民犯下的罪恶？"心里不服，我和三弟就自行到父亲家乡故里进行调查，而不少健在的旧乡邻介绍反映的情况出入较大，我们再三恳请乡里乡亲能够为洗清父亲冤屈作证。带着活人证实的陈述材料和联系地址，我们再去纺轴厂陈情，并由父亲本人正式提出申诉，压在父亲身上19年的冤案终得昭雪，改正错划"右派"的布告直到1978年8月才贴到了家门。大哥也于当年如愿入读南京药学院，遂了他当年未能救治母亲而立誓研究制药普救生灵的愿望。

12月中旬，我在出差辽阳途中接到办公室电话，说有急件挂号信。回到沈阳打开信封，竟是浙江美术学院的录取通知书！天大的意外，令我半天回不过神。这下好，可如何向领导老宋、王冠老师启齿。第二天我怯怯地向兄长报告了此事和原委经过，本想会招来一顿"心眼太活"的责骂，未料老宋十分痛快："好呀，这是多好的机会，应当去！学了本事回来更有出息……"去人事处办理迁转手续，和甫处长拍着我的脑袋嗔道："啊！小冯远，敢情你是拿这里做跳板，去年费劲才招来，今年你就又攀高枝呀！"元旦之前，我登上了南归的列车，老宋、宗兰大嫂还带着办公室的同事为我送别，嘱咐我好好学习、珍惜机会。挥手之间，我郑重表示：谢谢兄嫂，谢谢各位

耄耋之年的父亲冯怀民　　　　　　　　　和朱乃正、张立辰先生在聚会上

领导朋友，我一定不会辜负大家的期望。

　　人生之路，何论短长。天下禀赋、才情、颖慧、敏求、优秀尤胜于我的同龄人何其之多，原以为此生已与踏进大学校门无缘的我，却意外地又一次得到上苍的眷顾。我的理想能够实现，和宋雨桂、朱乃正、卢沉、周思聪、方增先生对我的帮助是分不开的。宋先生之于我，乃师乃兄、亦友；乃正、卢沉、思聪先生之于我，是助力、是提携；方先生之于我，是谓在艺术与精神给予指导的师长。离开了众多师长前辈的关爱照拂，个人的努力是多么的微不足道。没有他们，也就没有今天的冯远。说来也许会令今人难以置信，在结识并成为他们的学生期间，他们都未曾抽过一支我的烟，喝过一盏我的茶，甚至都未曾在饭店吃过一顿我的谢恩饭。

第三章 学苑求艺

无法设计人生，你所能做的，只能是不负当下。

——题记

到达杭州，是个阴冷的日子。

去学院注册完，到中国画系报到。系秘书楼非乃领着我到池塘边的集体宿舍住下。先我到学校的诸位国画、油画、版画、雕塑专业的研究生老大哥胡振宇、韩黎坤、徐芒耀等热情地招呼我，都很关注方老师极力举荐的这位迟到的、未上过高中念过本科的学弟。后来，我才从他们嘴里陆续了解到，身为中国画系大家的方增先老师为了破格录取我，通过老院长莫朴和党委书记高培明前前后后做了大量的争取工作和努力，而其中的周折与难度，几乎可以写成一部生动的电视连续剧，衷心感谢学院所有为我费心费力的师长和领导们。

浙江美术学院的前身系由1928年国民政府大学院院长蔡元培先生批准设立的国立艺术院发展而来，曾由著名艺术家、教育家林风眠、滕固、潘天寿等人主政，中国画为其强项专业，是与中央美术学院齐名的一南一北两所综合性高等艺术学府之一，学院内专业系科齐全，师资力量雄厚。

一进入紧张的学习状态，无形的压力骤然袭来。没有画过长期素描和真人写生，没有画过线描工笔，没有经过笔墨基础训练……这都需要从头过一遍；没有学过高中、大学的语文、历史、文艺理论、美术史……这也需要将缺项补齐。循序渐进的课堂作业，偶尔可能画出几件效果意外的好习作，但基本功的扎实与否是唬不了人的。尤其是水墨人物画，画多了连环画插图，还须褪去旧有的习惯，重新按照科班、浙江美术学院的套路来。两年课程设置，迟到一学期，最后一学期搞毕业创作、写论文，仅有的一年时间，须不辜负导师的厚爱以及学院破格的期许，交出一份说得过去的答卷，是我唯一的选择。

课程单元期末教学检查、作业讲评，每个学生画桌背后墙上的作业明明白白地显示着你的专业状态，无从作假。"方增先极力举荐的学生水平一般嘛！""这是破格水平吗？"我深深感受到背后烫人的品头论足和质疑的眼光，这让心性不甘落后的我脊背发热，信心每每受挫，去往食堂寝室的路上常常下意识地贴着墙根走。每次方老师来教室作示范讲解辅导都会宽和地对我说："不要着急，慢慢来。"还为我布置了临习山水、花鸟、书法的任务。那时，系内正值中年的童中焘、姚耕云、卢坤峰、朱颖人和书法教研室的刘江、章祖安等老师都曾耐心细致地给我介绍摹习要领和用笔用墨的经验。同届的花鸟班研究生马其宽、徐家昌、闵学林、何水法也都给予我指教，让我在自习训练中受益匪浅。

没有捷径可以取巧。我制订了每周每日的课内外学习计划和作息进程表，以加倍的努力和当年种地的耐力，在课堂、图书馆、食堂、宿舍的四点一线中高效率地往复周转。隔壁本科高年级学生下午上文化、体育课，我进教室观摩学习程谷青、卢辅圣、尉晓榕等的素描习作，也去1978级班里看刘健、汪大伟、汪东东、郭桢、马小娟

研究生时期画课堂作业　　在国画系人物画教学活动上

等人的工笔线描和速写作业；还在走廊的橱窗中揣摩山水花鸟各画种的系藏教学示范作品；更经常去油画系胡振宇、徐芒耀，版画系邬继德、王公懿的教室窥探画技。

　　学院居天堂西湖一侧，揽四季雨雪阴晴，有无比优渥的学习环境。晨起跑步兼背外语单词和唐诗宋词；上午专业训练、意笔写生、木炭素描、着衣模特快写慢写、组画插图创作；下午史论、艺概、外语、课外临习；晚上图书馆专业书刊阅览、经典名作临摹、中外画册研读。饱和式的强化训练周而复始，无人监督，但却无时不有天在看。方老师仍然定期莅临课室讲授专业，每次都会被各班学生团团围住。听导师讲评师兄吴永良和我的作业，奖掖优好、指摘不足，又随手演示分析义理。我的专业虽每有进展，但也时时遭遇问题难点，经常为之心绪郁闷，焦虑难解。那一次，先生来检查自编组画作业，我创作的《草原之子》采用宽银幕电影构图，以草原为背景，人物中近景特写形式感颇强，自以为画面的电影语言手法视觉形式不错，却未料此法与中国画形式大相抵牾。方老师半晌才说了句："想法不错，但缺少中国画味！"画味！？味，我当时不理解老师所指何意。老师接着对我说："这味道，譬如一只鸡，白切是一种味道，红烧也是一种味道，咖喱又是一种味，三种做法三个味道，不管哪种做法，中国画要有中国画味。"当时还是反应不过来，多年以后，这些只可意会的内涵，一悟则通。实则说的是中国画的造型趣味、笔墨形式趣味和整幅作品传导出的气韵神趣的特点所在。

如果说，当农民种粮食掌握简单的技术要领，拼的是体力；那么，做专业学问则更多的要依凭智慧、领悟能力、奇思妙想和巧用方法，而不是天天握笔用功就能解决全部问题，力气在这里使不上，靠的是心智的开掘与发挥。但在从量变到质变的实践过程中，也还是需要体力意志去追求量与质的不断累积提升。严格按照自己制定的导师认可的研修计划学习：定期深入生活，去绍兴乡下画速写；去常州田舍村姨舅家给兄弟姐妹画肖像；去上海宝钢收集素材，创作工人群像……我逐步跟上并补齐了全部缺门，赢得了主动。

8月，新疆最好的季节，系主任顾生岳先生带着我们赴吐鲁番维吾尔族聚居地写生。从参观考察洛阳白马寺起，经风陵渡，观芮城县久负盛名的永乐宫壁画；又往西安陕西省博物馆参观秦汉文物，看兵马俑英姿、观碑林历代法帖碑记刻石，览半坡遗址；一睹甘肃省博物馆的彩陶，赴刘家峡水库上端体察炳灵寺石窟；接着直抵敦煌千佛洞，第一次瞻仰神奇瑰丽的佛窟壁画彩塑，一路饱览中华文化经典的历史遗存，心灵既受震撼又得滋养充实。画惯了汉族人模特儿，初见维吾尔族、哈萨克族人物形象，感觉无论男女老幼都特别入画，颇有新鲜感。十天的写生计划，我们住在火焰山下的维吾尔族村社里，每天起早，带上水壶和馕饼，走街串巷，进葡萄园、入普通人家，激动难抑地画着各种肖像速写。少则七八分钟，长则半小时，练习抓形、抓特征，练眼练手。维吾尔族人家热情好客，瓜果葡萄满招待，普通话沟通也无障碍。老人的胡须翘起饶有趣味；小姑娘的眼睛清澈明亮；歌舞中的少男少女姿态妖娆、激情满溢。到了告别的时候了，除去赠送给维吾尔族朋友留作纪念的画作，我用完了随身带去的纸张，还买了当地的糊墙皮纸，载着约500件的写生作品归来，收获满满。

一年在忙碌中转瞬过去，到了岁尾，是提交毕业创作草图观摩和论文提纲评审的时候了，我按要求向人物画教研组毕业创作辅导老师交付了《秦隶筑城图》草稿小样和《传统中国人物画种造型的程式化、概念化问题》的论文提纲。《秦隶筑城图》的创作源于我的八年务农经历，也是我第一组主题创作构思——长城、黄河、中国人系列中的第一幅。在任何历史大时代，个体的人总是渺小的，但组合起来的力量却足以排山倒海、创造历史。长城是中华民族精神的象征，修筑长城的殉难者是无数普通先民征夫，尽管今天的长城成了人类七大文明奇迹之一，但当年的修筑却是秦王朝暴政的历史铁证。我将对长城的认识和所能收集的文献典籍资料，以及沿长城河北段写生的人物素材综合考虑，确定草图的结构为依山势起伏、内容丰富的"城"的形式，通过近、中、远三层次的劳动场景组成，以凝缩长城的全部意义。但在评审通过之前，还是有反复修改多次的过程，主要分歧集中在立意的悲苦与昂扬、阶级矛盾的显与隐的不同看法，有的观点甚至认为应当体现让士兵与役工一同意气风发地夯土垒石的画面。但是我执意坚持己见，吸收俄罗斯画家列宾《伏尔加河纤夫》作品的表现手法营造全图氛围，以凸显长城修筑的艰难与来之不易。方老师支持我的想法，在具体的人物组合、形象刻画、笔墨设计和全局的虚实处理

兄弟们第一次登临长城　　　　　　在执教实习的日子里

上给了我许多具体的建议和辅导。后期的创作是顺利的，我舍弃了部分浙派人物画的表现技法，为追求史诗性大场景的厚重效果，大量引入了山水画技法，着力增强北方人物形象和场景地域特质的强悍浑厚之感。我的论文着重审视了传统中国人物画因缺少写生基础训练和对造型规律的研究，仅以线条勾勒人物的形态而难以突破古时师徒授受的固定方法，由此造成方法单一和缺少表现人物个性形貌特征差异的积习，限制了人物画的发展变革。

是年7月，我通过答辩，顺利毕业。8月，我接到了留校任教的通知。我将留校任教的消息第一时间告知了宋雨桂、朱乃正、卢沉、周思聪四位先生，大家都很高兴。雨桂兄虽然因我不能回辽宁工作略感遗憾，但仍认为是大好事；乃正先生更是兴奋，连说"想不到！"，此后的每次进京或去辽宁，我都必须先到兄嫂家和乃正先生处小坐，带着深深的感激之情，怀着永远的尊敬之心。我一直关注着几位先生和兄长的创作，无论是乃正先生的《国魂——屈原颂》《青海长云》，卢沉和思聪先生的《清洁工人的怀念》《矿工组画》《人民和总理》，还是雨桂兄长的《长江明珠图》《苏醒》，等等，我能够感受到他们作品中的思想在逐步走向深刻、理念逐步获得升华，以及他们怀着的那颗艺术家至善至爱的心，那些思想的深度经由作品的表形式和潜形式发散出来，使任何说教都显得黯然失色、苍白无力。

而今，我有幸为师，亦为艺术家。每每遇见那些带着真诚渴求的目光希望得到我帮助的年轻人，尤其是来自困难家庭的孩子，当年你们待我的情景就萦回脑际。我就无法将他们拒之门外，我就无法不为他们的每一次进步、成功感到由衷的欣慰。冥冥中影响我这样去做的，大约就是你们传递给我的这种"精神"吧！这种"精神"能够映现艺术家的人品、情怀；这种"精神"也引导着艺术家以仁爱之心和眼光去拥抱这个赖以生存和爱怨交织的世界；这种"精神"应该被一批批年轻人承接传续下去，成为感化众生之灵的光焰。

1980年，我的《秦隶筑城图》入选"第二届全国青年美术作品展"并获得二等奖，正是方老师和众多师友的指导助力和我对题材主题理解认识的坚持成就了这幅作品，由此大大提振了我的自信心和进取心。此时的浙江美术学院中国画系，以继承倡扬明清文人画的笔墨修为其特色的教学理念。而20世纪60年代为了发展新中国人物画，学院特意从原来学习西画的学生中抽调了多位造型基础扎实的苗子，改为从事人物画创作教学研究。20世纪60年代前后国内声誉鹊起的新浙派人物画，即缘自以方增先、顾生岳、李震坚、周昌谷、宋忠元等画家为代表群体创作的一批新人物画作品在全国取得的重大影响。这些画家的共同特点是人物造型能力强，写生基本功厚实，因此在掌握并熟练驾驭了工笔、写意、水墨技法后，迅速在中国人物画领域取得了突破性成果。而我的导师方增先先生以他的《粒粒皆辛苦》《说红书》和小说《艳阳天》插图等优秀作品冠盖群贤、风靡海内，成为人物画领域追捧摹习的代表。

长城　155 cm×490 cm　1980

　　相比较注重以明暗素描写生手法切入创作，以山水画皴染为主要技法、以塑造人物为主要方法的北方人物画，新浙派人物画则以写生加速写的造型方式入手，以大小写意加没骨花鸟画笔墨设色的渲染技法、塑造人物造型结构为特点，形成了新浙派人物画的样貌，受到业界的广泛关注。而我曾经有在南北两地多年生活的经历，深知不同地域文化渊源与审美取向的差异，以及由此造成的南北艺术风格面貌与技法上各自的优长与不足。例如北方中国画多追求朴茂、浑厚、苍劲而易显得笔法板滞；南方中国画多讲求笔墨灵动、精妙、清新，则难掩轻巧浮薄之弊，如果两者互相学习、取长补短、互为补益，则必有大成耶。而我的《秦隶筑城图》，正是基于以上的认识，试图通过实践尝试做出某种兼容互补的调适以适应主题，使技法服务于内容，取得的初步成果虽然瑕疵在所难免，错失仍嫌不少，但还是得到了师长的认可。

　　浙江美术学院中国画系在顾生岳主任的治理下，教学组织管理严谨有序，新留任的青年教员都需要经过系教学秘书、干事、学生辅导员的轮流当值实习。同时还要求青年教师每年去博物馆临摹名家作品用作教学示范，每年年终还要组织青年教师进修作业汇报观摩，这些对我尽快融入教师集体很有助益。年长于我的学兄吴永良，早年即修读毕业于中国画系，后在温州市工艺美术研究所供职多年，恢复高考后考回母校。虽与我同年入职，但他在各个方面给我以点拨提示，使我顺利通过了实习适应期。彼时系里人物画教研室除了方增先、李震坚、宋忠元等几位元老级先生，还有吴山明、王庆明、张品操、吴宪生等。我和吴永良，以及后来刘国辉的加入，使人物画专业师资力量大为增强。与我同届的花鸟画专业研究生马其宽、徐家昌、闵学林和后来的山水画专业卓鹤君、谷文达的先后入列，改变并提升了浙江美术学院中国画专业师资队伍的结构和学术水准。

我没有辜负迟到但却值得珍惜的工作学习环境。我尽自己能力，认真配合方增先先生、吴山明老师，当好教学辅助帮手。承担本科毕业班教学事务和高年级专业考察工作；担任年长我的老学生郭广业、李葆竹是时在读的专业进修班班主任；负责煤矿美术专业培训班教学组织管理；去福建惠安指导学生体验生活；攻读画史画论，撰写论文《传统文人画的现代价值及其意义》《面临困境的当代中国人物画》，阐释我对人物画现状的忧虑及变革路径……从事教学之余，我先后创作了结合论文写作观点解析的水墨"罗汉系列"（16幅）、重彩绘画《英雄交响曲》、水墨画《故乡》；还应约完成了根据我熟悉的知青生活、作家梁晓声同名小说改编的连环画《今夜有暴风雪》，取自现代美术史真实题材画家潘玉良故事改编的连环画《画魂》，以及改编自周而复同名小说《上海的早晨》的连环画上、下册，分别采用线描和勾线加黑白的不同风格手法来表现不同的主题内容和形式趣味。

《画魂》
12.5 cm×19.5 cm　1981

《上海的早晨》
12.5 cm×21 cm　1981

灼日　冯远自传

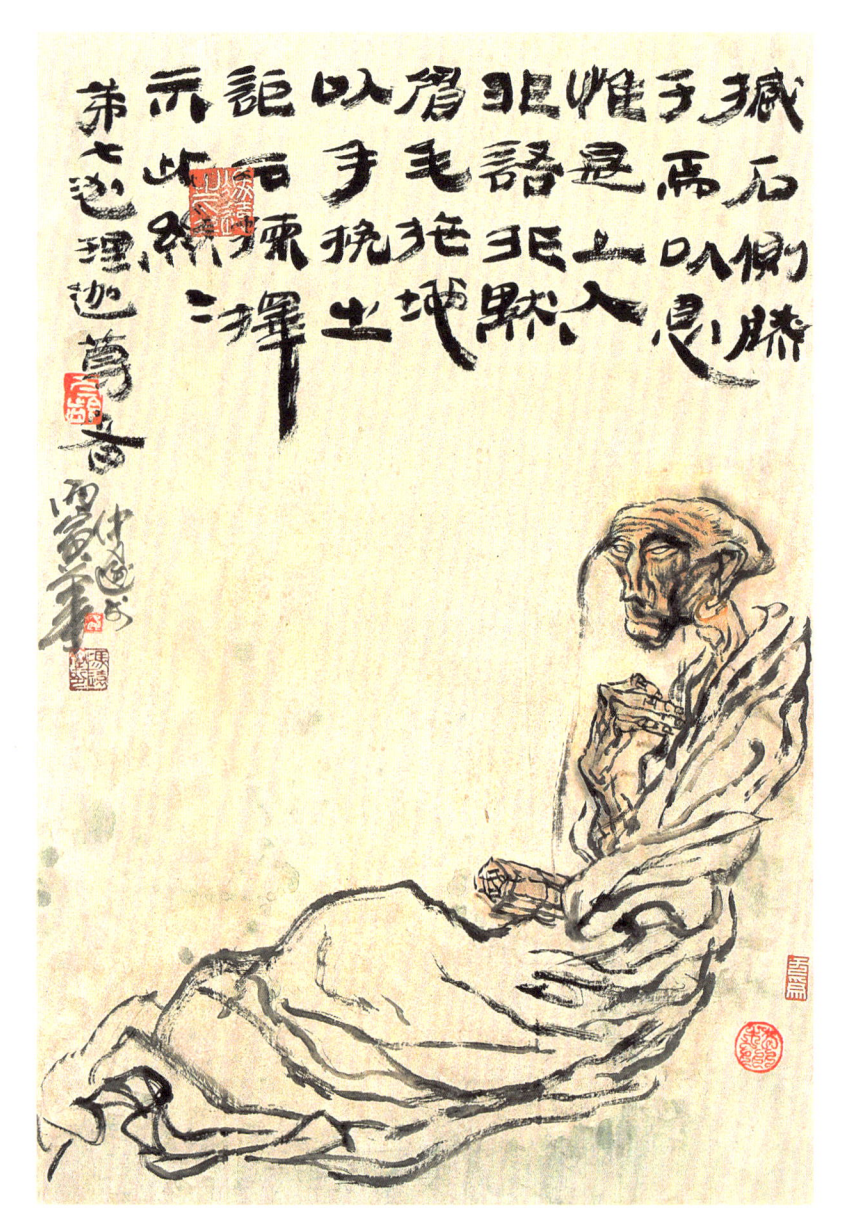

《罗汉系列之五》　68 cm×45 cm　1986

《英雄交响曲》局部　　131 cm×314 cm　　1982

　　水墨"罗汉系列"16幅，系我研究生毕业论文学术观点立论的实践延展。如前所述，传统中国人物画重临摹轻写生的传授方式，是导致人物造型与形神刻画难以通过简单的线条组合表现不同人物性格特征，而滑向类同，是传统中国人物画的核心症结所在。这种代代传续、陈陈相因的程式一直延续到清末民初，是中国人物画走向衰蔽的直接动因。同理，从古传习至今的所谓技法十八描，也只关注技巧细微变化的差异，全然不顾真实生活情态中人与物的质量感，甚至还将其神化至极端化。为了佐证我的持论，我运用自身实践作为案例研究，创作了16幅形神各异、笔法技艺各不相同的罗汉人物，无论是人物形神，还是衣饰服装都刻意与传统陈法拉开距离，结果表明：传统绘画的方法及理论是可以并且应该通过实践不断予以变革发展的。

　　图式可以演释视觉形象，文字能够传达思想，对于文史哲的爱好，影响并左右了我其后数十年的艺术实践和学术研究。创作于1982年的《英雄交响曲》，是我有感于党的十一届三中全会给国家改革开放建设带来的春风，也因国人从十年禁锢中解放出来，向着创造美好生活奋发努力联想至灾难深重的中华民族从屈辱中崛起的艰难历程。读史以明志，艺术家能够也应当运用艺术形式赞美奋起的民族，在一批批志士仁人前仆后继、改变家国命运的壮丽史诗中，用国歌的旋律将其串联起来。我采用众多雕塑人物的造型，组合成一组组不同意涵的群像，既有具体形象的，也有肢体语言的。从鸦片战争到孙中山的建国方略，再由北伐战争到中国共产党的砥柱中流；从推翻三座大山到新中国建立，直至对新时代的畅想与讴歌。四段式的结构层层叠加，运用重彩壁画的手法，熔写实写意、具象象征为一炉。用两侧对称的三联画方式，将追求革命理想和共产党与人民血浓于水的分主题，合成为宏大叙事的全景式画面。为了强化画面时空的历史纵深感和形式厚重感，我打破了画种材料的限制，融合了中国画、壁画、水墨设色和油画棒干皴的材料技法，手法无所不包，一切的技法语言服务于画面最终效果。

　　《故乡》一画的构思得之于对鲁迅文学作品的阅读感悟。他以犀利的现实主义批判精神与入骨三分的笔锋，深刻揭示了那个特定时代底层人的真实情态，刻画了众多栩栩如生的人物形象。由于有着相同的底层生活经历，又修学在浙江，毗邻鲁迅故乡绍兴，便突发奇想：以"故乡"为题，表现鲁迅归省故里，行走在"鲁镇"的街上，而与之摩肩接踵、顾盼往还之间的，都是他笔下的人物，例如孔乙己、阿Q、祥林嫂、闰土、九斤老太、"狂人"、陈士成、子君与涓生，等等。在竖式构图中，鲁迅与精神失常的老年祥林嫂偶遇，目光对视，体现出鲁迅走在一群旧时代弱势贫苦百姓之中。技术处理方

《故乡》 210 cm×190 cm 1982

驻敦煌艺术考察"大使"

面，我以水墨为主，仅用浅绛赭色渲染人物的肤色，主色调偏青色，以烘托江南小镇阴雨天的清冷感。

是年，我因奉派驻节甘肃敦煌莫高窟，接待一批批前往考察观摩的1978、1979级各专业系科学生，并负责指导教学实践。不经意间在晨跑中咳出鲜血，返校就医诊断为肺结核，幸好属结核球状，未及浸润播散，但却实实在在地被医院禁足出户月余，品尝了被隔离失去自由的况味。利用难得的安静，我读完了《中国思想史》《中国美学史》和《中国画论辑要》等多部理论著述。

也是在这一年，经后来成为我弟媳的倪蓉女士牵线介绍，我结识了与她同住白林寺的街坊水静汶，属蛇，小我一岁，芳龄28，出身上海，长得身材匀称、亭亭玉立、五官精致，是时供职上海杨浦区政府，还写得一笔好字。她和我一样，插队落户在江西万年县贫困老区农村10年。当过农民、乡村教师、公社广播员……回上海当了3个月的纺织女工，又上大学自考公务员，当过检察官、机关干部、专事政策调研员。准岳父水桂棠先生原系四明山新四军，1949年赴上海任军管接收干部，后为冶金系统创建工作首任指挥。因与当年上海地下党、画家邵洛羊多有交集而结识了海上名家唐云、朱屺瞻、曹简楼等一众丹青好手并结为挚友，故择婿态度尊重女儿意见。记得第一次去见岳父岳母，正是带班学生在上海宝钢写生，我穿着工作服和工靴上门，曾经的人事干部准岳母说了句：头发有点长……当年，上海人看外地人皆为乡下人，嫁给外地人即谓"下嫁"。幸得水静汶儿时曾偕闺蜜来杭州舅家玩耍，特别喜欢杭州，加之都下乡当过农民，所以不仅彼此未曾轻慢，还都相互有好感，有意交往。

有了安定良好的工作学习环境，又有了爱情的滋养，那些年我积极主动地承担系内交办的工作与教学任务。有过下乡知青的经历，即便工作中辛苦劳累，甚或付出更多，我都未曾有过抱怨。一边认真做好备课，认真完成教研组布置的各门课程的教学组织实施和单元小结，使班里学生的专业水准稳步提高。一边充分利用空余时间，翻遍了图书馆大部分专业图书和进口画册期刊，为的是了解国内外美术动态，有选择地学习吸收各类艺术的营养。特别是还用水墨临摹了几本国内外雕塑经典作品，那些来自不同国家不同艺术家创作的各种经典造型姿态真是妙不可言，不仅有助我进一步提升了造型意识，甚至在我后来的创作中被举一反三地一再变化应用，收益良多。同时，我还不间断地发表有关中国画理论研究的文章，如《从生命意识到审美知觉》《文人画艺术对未来中国画发展的影响及其价值》等等。

作为同事兼晚辈，我一直在接受着方老师点滴的教诲。方老师不光治学严谨、创作勤奋，还善于动脑，他多次提醒我：课堂写生是最好的训练造型和笔墨的方式，它可以让你充分思考，学会动用一切手段去表达同一对象，这对创作是非常有用的。同时，用功虽然重要，但一定不要画10张大同小异的画，而是画5张，张张不同。

方老师常年有胃疾，夫人卢琪辉先生是上海油画雕塑创作院艺术家，两位老师长期在沪杭两地来回探视。方老师一人时常常衣食无

在方老师"行行复行行"艺术进京展的开幕式上

定,胃溃疡久患不愈。彼时,我经常主动去菜场买来青菜、肉糜、榨菜、鸡蛋和豆腐,为他做成汤菜食用。因为这个原因,除了可数的几次大型庆典宴会活动,先生就从未去过宾馆饭店吃请。彼时学校条件有限,方老师与全山石、舒传曦几位先生都住在教工楼二层的小房间,局促的空间限制了他们创作大幅作品。

　　1983年,方老师突然离开浙江美术学院,调去上海中国画院任副院长。主要原因我想多为夫妻团聚、照顾孩子。我帮他收拾行李,方老师也未提及原委,当时只觉得浙江失去了一位杰出的大画家,怎能如此轻慢。后来我才了解到,先生的离去与学院调来一位领导有关,而学院历经"文革",刚刚平复下来的历史纠葛微澜时有泛起,方老师因而失去了续任人大代表和提任副院长的机会。方老师的调离对他后来的发展反倒变成了好事,我很为他高兴,好在近,学习拜望的机会也多,但在学院,多少对我产生了微妙影响。学院因历史遗留下来的恩怨纠葛和人事矛盾时隐时现,有时甚至激烈至公开对峙。我逐渐看明白其中一二,好在无心介入,坚持认定做好自己的本职工作才是正道。

　　1984年,第六届全国美展举办在即,1985年适值抗日战争胜利四十周年纪念，我提前谋划，拟议系列创作中的"黄河"题材作为主题。黄河是中华民族的母亲河，哺育了中华文明的发展自不待言，但古往今来画黄河的作者作品众多，且多集中在取意象征的视角，通过表现黄河的奔涌以体现不屈不挠的民族精神。我取"保卫黄河"意在"保卫"上做文章。我查阅了抗日战争中与黄河有关联的各种记载史料和能够找得到的图片，其中以八路军东渡黄河最具表现性，但又觉得东渡虽然体现的是"保卫"意涵，但并不直接显示"保卫"黄河的前因后果。最终我又延展了构思内容，加入了以南京大屠杀为背景，反映民族屈辱的"百年家国耻"；日军在山东枣庄向八路军缴械投降情节的"北定中原日"，将东渡变为"义勇军进行曲"，最终合而为三联组画。如此一来，主题内容大为丰富厚重，但工作量则大大增加，需要补充了解整个战争来龙去脉的专题历史文献、图像资料。我去韩城芝川夏阳渡口勘探，赴枣庄实地参观纪念馆，往南京下关草鞋峡打听当年日军枪杀中国难民和军队将士的遗址，到中国第二历史档案馆查询当年报刊新闻……历时半年许，完成后的作品在当年的"浙江省庆祝新中国成立三十五周年美术作品展"上获得优秀奖。

那些日子的白天，我带1980届毕业班创作，一起检查学生各自收集回来的创作素材，研商主题构思，辅导草图小稿和正稿制作。那届班里同学的整体水准都好，王赞、顾迎庆、王晓辉、曹宝泉、王雄飞、严颖鸿等等，在创作中就显现出了不同的才华和能力，并且在后来各自的工作岗位上崭露头角，业绩斐然，其中大部分成了高校教师、画院创作骨干和出版社编辑……那是一段教学相长、师生互补的愉快时光。

10月，我和水静汶完婚，日子选的就是静汶的生日10月28日，两家长辈、兄弟姐妹一起在上海陕西南路美兴酒家吃的喜宴。只是

《保卫黄河三部曲·百年家国耻》
214.8 cm×135 cm　1984

《保卫黄河三部曲·北定中原日》
215.4 cm×134.4 cm　1984

《保卫黄河三部曲·义勇军进行曲》 214 cm×147.6 cm 1984

人在两地，我又忙忙碌碌，加之以朴素简单为理念，就没想着一起去拍个婚纱照，成为此生的遗憾。静汶家虽然规矩也重，但没有提出要"彩礼"之类的要求。静汶的单位杨浦区政府给她在控江四村分了间小房子。感恩上苍赐我以贤达娇妻，本以为此生下乡离开上海，再难有机缘得归故里，如今，我在生长于斯的故乡上海有了立锥之地。

　　1985年前后，国家在经济、社会、文化教育等方面对外开放交流的程度不断扩大，日益融入国际大家庭中，经济建设逐步走上快车道，国人对未来国家的发展进步充满了信心。文化交流呈几何级地快速增长，中华文化走出去，各国文化请进来；西方的文化文艺思潮传入，大量的文艺作品、学术理论出版物在国内翻译出版，不同文化从观念到实践的交流碰撞产生了积极的化学反应。国内美术界掀起了一波波向西方学习研究、借鉴吸收的热潮，虽然当时思想才刚解放，甫一接触外来不同的艺术观念与形式，在学习吸收过程中难免产生各种囫囵吞枣、生搬硬套的现象，但我认为从长远目标上看，这个过程是难以回避、有必要、有价值的。中外东西文化只有在相互比较中才能更为清醒地认识自身和它者的意义，以及各自的问题所在。

　　春末，新浙派人物画代表之一周昌谷先生去世。昌谷先生擅用色墨兼容的手法，创作了一系列颇有个人甜美风格的作品，《两个羊羔》还在世界青年联欢节上获奖。生性耿直的昌谷先生敢言敢为，但在非常时期受了不少误解委屈。我和吴永良虽同为方老师弟子，但也对昌谷先生敬重有加，曾多次上门拜访聆听教益，同时也想化解先生间因"文革"造成的各种嫌隙积怨。先生的去世，带走了疏解那段历史和本不应该发生遗憾的机会。作为学生辈的同事，我帮着其夫人王含英前前后后奔忙处理丧事，从注销户口、运送遗体、安排火化、购买寿盒到取回尚存余温的骨灰……我单纯地想为那段不该发生的历史过往、平复老师先生间的恩怨尽一份心意。

20世纪90年代初，吴山明先生接任中国画系主任，我接替了吴先生原来教研组的工作任务。山明先生生性敦厚、待人谦和，作为新浙派人物画的第二代传人代表，早已有《星火燎原》《延安五老》等优秀作品在国内具有广泛影响。他既承家学，又好学习钻研，专业风格灵动独到，笔墨功夫尤好，凭着他善于协调各方与社会资源，系内各项工作在平稳发展的基础上更增添了活力和宽松氛围。

婚后生活，两地分居，我周末定期去上海看望静汶、父亲和岳父母。我边从事教学，边进行着教材示范作品的个人研修计划，尝试用不同技法作各类人物肖像和半身习作。我以较为写实的手法，精准勾勒《女工程师》的脸部线条，然后结合形象结构和明暗关系多遍渲染，以达到表现细致入微的效果；而在《待归帆》中则采用了略带夸张的人物形象的造型结构，以没骨技法，即先用浓重的色彩先行按结构染出阿婆的肤色，然后在其未干之际，以焦墨勾写人物五官面貌，借此尝试并形成不同人物形象以不同技法表现的艺术风格特色。此外，像《信婆》《南风》《炉工》《善男》等一系列作品，包括带领学生去上海造船厂画的一批写生性速写，如《三个油漆工》"船厂肖像系列"等等，都是这一时期积累下的教材习作。这不光使我掌握了将抽象的笔墨线条应用于真实对象写生的驾驭能力，也使不同技法在特定人群的写生中得到了熟练的应用，这些实践经验的积累，对我后来几十年的教学与创作产生了极为重要且深远的影响。

除教材建设之外，我还研读了一系列国外艺术理论著作，如《西方艺术史》《当代艺术史》《艺术与视知觉》《西方美学史》《艺术哲学》《当代艺术思潮》《抽象艺术》种种。我在这些西方文论中巡游思辨着，从一知半解到大致意会，从感性认知到智性理

宝钢速写　100 cm×82 cm　1985

《女工程师》 67 cm×57 cm 1985

《待归帆》　66.6 cm×48.5 cm　1985

《信婆》 63 cm×47 cm 1983

解，从中感受到许多值得中国绘画吸收借鉴的、富有价值的原理和要素，而这些都作用于我的艺术创作实践。如果说教学需要按照循序渐进的原则，传授既定的经验与方法，那么从事创作研究则需要打破常规，大胆变革突围，在保持中国绘画精义的同时，积极吸收采纳外来的精华。这段时期，我陆续创作了一批取用中国画既有材料，但图式结构创作理念、表现内容则完全不同的实验性水墨作品。如取自波德莱尔诗歌《恶之花》画意的《孽海沉浮》；取自中国古代神话的《创世纪》；取自但丁诗歌《神曲·炼狱篇》的画意《蜕之痛》；取意于斯芬克斯之谜"人当自救"主题的《惑》；取材于中国古代壁画、彩陶纹样，兼容非洲木雕等诸种元素图式的《禁忌》，又名《图腾祭柱》；取意于人类敬畏天地，又追求天地人和谐共存的《灵瑞箓》，以及取意于《出埃及记》的类抽象水墨《彼岸》；等等。一方面是融合中西艺理，通过绘画表达人类的共同理念；一方面又想极尽张扬地宣示中国传统文化的价值。我精选并通过图形来表述中国传统文化思想和代表人物，创作了《先哲》；取意于佛教教义人人皆有佛性、唯善是从，创作了《浮生世相》……我还结合出差乘坐飞机的多次体验和飞机降落穿越云层那一刻的感受，理解了有限与无限的关系。而在现实中，距离地面5000米的高度氧气稀薄，生命难以存活。尽管庄子有着"大鹏起兮"的雄心和追求超越的勇气，但终究不能超越生命的极限。我运用泼墨、积墨的方式，以平远法结构表现涌动着的扑面而来的云层，衬托出展开一字形翅膀翱翔的白色鹏鸟，取名《逍遥游》，暗示人之于自由与不自由的哲理潜台词。我的体会是：中国艺术，即便是绘画，在高扬赋、比、兴写意精神的同时，也完全能够接纳和承载不同文化思想的理念和表达方式。

同时期稍后，我创作的《辛弃疾》是以夸张写意的笔法，用绣

《惑》　136 cm×68 cm　1985 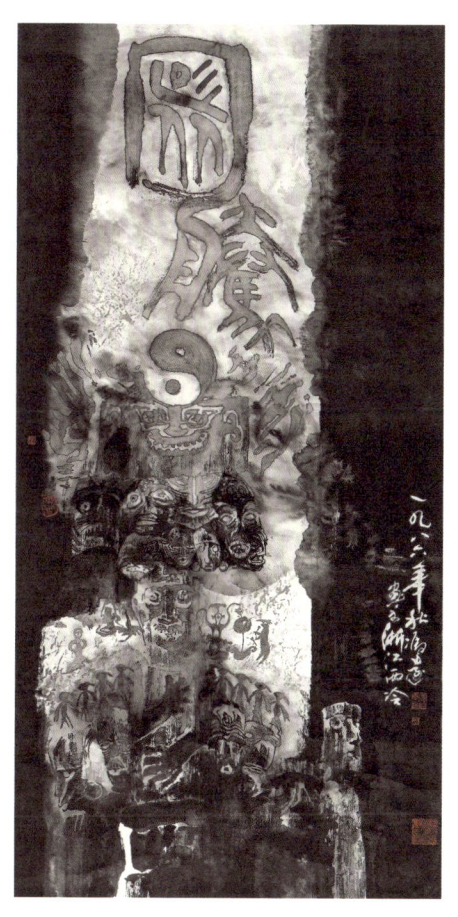　　　　《图腾祭柱》　136 cm×68 cm　1986

《灵瑞箴》　68 cm×104 cm　1985

《浮生世相》　90 cm×93 cm　1987

《逍遥游》 80 cm×78 cm 1985

像式造型塑造的南宋词人形象，背景则以大片泼墨作底，以描金细线勾勒词人梦里挑灯看剑、铁马冰河、挥戈杀敌、收复中原的激烈壮怀，又以朱砂题款，抄录辛弃疾的著名词篇。而抽象表现性系列作品"汉魂"，则以现代平面构成，通过点、线、面元素和各种平面体块结构形状的组合方式，在平面构成基础上重组了中国传统京剧脸谱。按照花脸、黑头、青衣、丑角的程式化脸谱纹样，颠覆重置了既有的装饰化人物面具，变而为非具象、抽象构成的图形，但又依稀保留着传统脸谱的角色原型元素，似抽象非抽象，呈现出不同于既往脸谱的现代视觉图像。在探索研究的过程，我一是从创作观念上做了改变，二是从绘画形式上做了更异，但文化思想的核心要义没有变，变的只是语言、技术和图式。继承与创新，可以不设边界，围墙可以推倒，但原有的秩序被结构破除是否就等于新的视觉样式的确立？我的体会是并不是轻而易举，重建新的一套语言范式需要经过一个由生涩到逐渐完善成熟的过程，而能否成功端赖于艺术家的学养底蕴、识见勇气和驾驭艺术的能力。

  8月，我的女儿出生了。为了她，静汶受了不少罪，当时过了预产期，只能采取剖宫生产方式。那天早上我签完字，和岳母坐在妇产科门外的长椅上，焦急地等待消息。8点20分的时候，廊道里传来响亮倔犟的婴儿哭声，我跳起向门口张望，一位护士怀抱着女婴一边拍着一边说："嗷呦……是个妹妹。"襁褓中，女儿那一头湿漉漉的头发乌黑发亮，双眼紧闭，挥舞着小拳头大声啼哭。早早降临的小生命，超乎了我和静汶的原有计划，但仍令我兴奋不已，却也方寸全失、手忙脚乱。降生三日，女儿便跑肚拉稀，经验全无的我和静汶看着这个肉团团惊慌失措。猜想着各种原因造成不适引得女儿哭声不止，直至半夜也不见和缓。我们在好心的邻居朱阿姨的指导陪护下，

《抽象脸谱1》　68 cm×45 cm　1989　　《抽象脸谱2》　68 cm×45 cm　1989

径奔妇婴医院。初为人父，手脚笨拙的我抱着女儿一路紧着跑，抱紧了怕挤着她，抱松了又怕不慎摔着她。狼狈不堪地赶到医院，大夫诊断为"小儿无菌性腹泻"，打针用药片刻后，女儿就安静睡去。在申报户口时，我和静汶为女儿取名冯亦萌，小名早早。

女儿的降生和健康活泼的成长，使我在对艺术的生命意识和创意实践的严肃探求中有了新的领悟：天地造就人，人的生命繁衍与演进，在改变自身生存环境的同时也改造着世界。我的水墨天地中就像透进了一片明亮瑰丽的光的色彩，《夏之乐章》《童年忆趣》等作品像一曲曲幼童短笛，欢乐明快、调皮跳跃……我一反惯常的手法，挥洒浓烈鲜明的色彩，轻松惬意地勾画飞升的婴孩和梦境中种种光怪陆离、荒诞不经但却真实清晰的儿童世界。我在一米见方，大小长短不

《夏之乐章》　102 cm×84 cm　1985

一的尺幅中编织着色彩缤纷的图景，构造着我未曾经历的童稚世界，破除现实有序的合理存在，破解打散习惯性的语言系统，有意无意地错置重组，一如行路布弈、逢山开路、遇水搭桥，任由想象自然流转，任凭画面顺势而为，享受着全无规则规矩规律、成人式涂鸦的喜悦。

入秋有一天，工艺美术系的高班学生宋钢带着他的试验作品来找我，其中有一系列利用织物扎染工艺制作而成、似画非画的作品引起我们共同的关注。花布扎染通过有意无意、有限无限的捆扎控制染色而成，白布经过靛蓝的浸染处理，可以产生出花样变幻万端的图形、图案、图画。其中有些作品的意外效果会产生类似抽象的绘画图形，经过有意识的加工，可以达到通常手绘难以产生的视觉效果。我和宋钢各自购买了一批本白土布、涤纶布料和麻质材料，联系嘉兴桐乡的印染实习基地，饶有兴致地设计、构思了一批扎染系列作品，创作了《蓝黑系列·清音》、《甦》、《泽》、《静界》、《天籁》、《造物之光》、《月之蜕》等等。我们和工人师傅一起计算材料浸染着色、轻重浓淡的时间，估量不同质地布料的发色效果，然后以同样的颜料计色当墨进行加工制作，创作了多幅具有奇异效果的彩染作品。时任学院分管教学科研的副院长宋忠元先生还特意批拨几万元科研经费，于第二年为我们在学院美术馆举办了"蓝与黑——冯远作品展"。

1986年4月，上海市人民政府在1959年重建的上海市美术专科学校基础上，组建了上海大学上海美术学院，并请来中央美术学院油画家李天祥教授担任院长。到任伊始，李天祥、赵友萍先生即邀请我去上海支教，帮助新组建的美院组织教学。斯时，美院师资力量单薄，急需寻求外援。因着与浙江美术学院院长肖峰同是留苏老同学的关系，李天祥先生点名要我去教素描、创作课。第一届新生来的都是

《蓝黑系列·清音》　231 cm×174 cm　1985

一批上海资格较老、但无学历的知名画家施大畏、韩硕、张培成等，我与他们早已从作品上神交已久，相聚自是十分高兴。由于他们大多造型、创作能力强，且多有丰富的创作实践和工作资历，所以专业上手快、成果显著，只是需要过一下严谨的基础训练。我和他们相处愉快，彼此都有收益，但也会因见解方法不同各执己见，而我会以自身经历严肃认真地与他们通过沟通交流达成共识。加上李院长经常巡视该班，多有训诫要求，所以教学效果很好。为此，李天祥院长几番动员我调回上海，并与肖峰老同学费尽唇舌要人，浙江美术学院则坚持不放人。课业结束，我返回杭州，继续我的教学工作与事务。

教与学是一种施授和受施的关系，而高层次的教学活动则常常是一种良性的互动关系，即所谓的教学相长达到互为补充提升的结果。从事专业研究与创作则不同，若非课题合作，则通常是个人个体行为，其如同掘井，全凭个人的素养、才智、学识、视野与得当的研究、创作方法，却也是青灯黄卷、枯坐板凳十年磨剑的寂寞之道。艺术之谓高贵端在独特的创造，艺术除掌握技艺并发挥至谙熟极则、精妙境界之外，更是一种无重复性的创造劳动。衡量艺术家成功与否的尺度取决于其是否找到恰切的取材角度和独到的技术语言。那些年我边教学，边创作，边尝试不同于既往的绘画形式，选择、扬弃、再选择……时感山穷水尽，又觉柳暗花明，饱尝困惑的煎熬和豁然开朗的喜悦。尽管如此，我还是欣赏毕加索的座右铭：不要重复自我。

我崇尚伟岸，试图在一片红牙檀板的世界中，响起铜琶铁板的雄肆之声。既是天性使然，也是坎坷经历所致，艺术殿堂之玄奥诱我陷入荆莽苦海，九碰壁而不知返。我画历史，意在为民族立碑；我作孽海沉浮，乃感谓人生苍凉；我画天界，是因悟出了至大至微；我作文字，是觉出了书法抽象结构美与绘画源出同一律；我画罗汉，作汉魂，旨在驾驭并强化传统绘画技艺，同时探讨水墨画向抽象阶段过渡的可行性。

是年正阳，我除完成"都市人物系列"和"都市百态"两组人物画创作外，还采用汉字演绎抽象图式的结构形式。我将文字笔画的象形结构演化为画面的视觉形式，并且延展字义以外的笔墨空间营造趣味。我用《易经》八卦的八个符号，如乾、坤、震、巽即象征天、地、雷、风等自然现象，比附对应人类社会一切现象的最初根源，分别以不同色彩的自然环境作为相互咬合的背景，形成包括以"气""灵"为主题的系列图式。又在阅读古典文论和艺术史的基础上，撰写了《当代水墨的传统情结》《并非背叛的选择》等论文。而

《中极》　107 cm×105 cm　1987

　　抽象作品《中极》的创作成因，则源自我对"天地运行有道、人与万物流转亦有道"的理解，其与诸子百家哲学中的"道"统为自然演化之规律、人伦世界之法则，以及那看不见的主宰宇宙的力量是一致的。图中我以浓墨饱蘸的大笔画出循环往复、不同经纬度的弧线围绕核心运转的线性图形，弧线的轨迹呈现的是不能游离于核心引力圈的律动。取名《中极》，也有不偏不倚意谓"中"的意涵。虽然该作品创作于信手取来的糙纸，但却是一气呵成所为。

　　1987年秋天，我在上海静安区文化馆举办了第一个小型综合展，展出的作品是研究生毕业几年后积累的未熟之作。前去观展的除了同学朋友和当年一同下乡的上海知青，兄妹还特意陪同父亲来看展览，其欣慰之情溢于言表。

《塔吉克民族的故事》 22 cm×20 cm×4 1984

第四章 杏坛春秋

再朴实的愿望，也能化为人生进取的助力。但世事有常亦无常。

——题记

也许是我配合吴山明先生和系里工作，将人物画专业教学方案、教学大纲、教学计划、课程设置、教材示范管理的全流程捋了一遍，并且制订了各环节的规范要求，改变了以往教学较为松散放任的状况，使教学质量稳步提高，获得了同事的认可。加之我自身认真完成教学任务、注重教学示范和课后小结，多次受到系内好评。同时创作、研究两不误，屡有作品参展和论文发表。副院长宋忠元先生就来家里做工作，动员我去教务处任职，辅助新到任的徐永祥先生。刚刚稳定下来且基本适应教学和日常管理工作时间不长，又要改变计划，我心里很不情愿，但架不住忠厚长者的再三劝说和晓以情理，最后还是勉为其难地同意了。

彼时的浙江美术学院教务处是个功能庞杂齐全的部门：教学组织管理、评比检查、计划制订、课程协调、电化教育设备调配、师资教学档案、科研、教辅教具，以及招生、分配统在一起。一进入工作状态，我就陷入了大量的具体事务的缠绕中。作为专业教师，我还要完成一定的课时量，如此一来工作量大增，曾经心里暗暗叫苦，但是随着工作逐渐地深入，觉得教务工作的职责不容小觑。一所院校，可以缺这个短那个，但只要教务处营业，只要图书馆、食堂开门，学校就能正常运转。想想当年同为知名艺术家的前辈诸乐三、张怀江、张奠宇等先生勤勤恳恳奉献教育事业数十年，我何以自甘怯懦打退堂鼓，虽然辛苦，但事情总得有人去做。处长徐永祥是位是非分明、精力超群、极擅表达的资深油画家，经常为了实施新举措和严格执行管理制度，两眼圆睁，以高八度的爽脆声调和超速语音与他人争辩。他经常为支持我的工作凡事挡在前面，但也时常因我的不够灵变和办事较真而大声呵斥："你蠢！蠢！"

1989年，既是国家多事的一年，也是我最为忙碌的时日。这一年，经院务会议研究决定，清理修订实行多年的原有教学管理规章制度，过时的条款取消，不尽合理的条规补充完善，又依据教育部、文化部改革精神和全国高等艺术教育发展态势新增若干补充条例，包括加大管理力度、严格监管教学质量、加强教学备课检查和教学过程督察等等。

建立规范的改革举措总是越改越严格，就像任何新事物的出现也总会遭遇旧习惯的质疑、抵制和非议，这需要一个接受的过程。好在向以注重"治教严格、治学严谨"为教学传统的浙江美术学院，从院领导到教师以及学科带头人都深知教学过程管理的严格规范是人才质量的保障。学院党政班子高度重视，专门开会做出决定，要求自上而下地做好各系科教师的思想工作，共同配合新制度的实施执行，很快取得了积极的成果。学院的教学秩序总体上保持着稳定。

忙完教务处日常事务，完成规定的教学工作量，我陆续创作了多幅新作，并以作品《历史》作为交换，由香港南阜艺术出版社与浙江美院出版社合作出版了我的第一部画集。《历史》表现的是近现代四个历史阶段的四位代表人物，即中国最后一个封建王朝的慈禧牵着幼帝溥仪、民国第一任大总统孙中山、黄埔军校校长蒋介石、新中国领袖毛泽东。我以泼墨的形式将四个历史人物置于新旧中国由黑暗至明亮的色调渐变中，把"普天之下莫非王土""天下为公""黄浦精神""为人民服务"四个不同的政治理念，通过他们的手迹交错排列其中，形成醒目强烈的视觉形式感。作品入选第七届全国美展等多个画展，当时美术作品中鲜有出现蒋介石的形象，我还为此心里惴惴不安。重彩画《河姆渡文化》表现的是考古发掘出的华夏部落文明的最早形态，我以想象的手法体现先民的生活情态和祭祀仪式的场景，作品获全国科协美术展览金奖并被收藏。同时前后期发表的论文《重归不似之似》，主要观点在于陈述注重写意精神特质的中国画如何表现现实主义主题和解决好从生活素材到艺术创作的若干问题。我还在11月西安召开的全国中国画学术理论研讨会上宣读了此篇论文，并且结识了刘勃舒、刘文西、杨力舟、王迎春、戴卫等一批资深中国画名家。

是年底，我通过评审晋升为副教授，但评审过程并不顺利。主要是高等院校中高级职称历来僧多粥少，名额有限，常要退一补一，有的系科教师间年龄层次未拉开，一旦名额满员，就无空额可评。因为多年积压，造成部门间互相争名额是常有的事情。而一旦有了名额，除竞争者众多之外，许多临退的老教师都望"额"兴叹。论条件，我各项指标占优，但还因诸多摆不上桌面的缘由相互掣肘，最终是院领导听取了多方复议申请，以激励品学兼优又双肩挑教师名义拍板，第二轮才顺利通过。

因为分居两地，每到周末，我都照例回上海看望妻女、老父。

而今五兄妹都已过花甲之年且各有所成

静汶每天要坐班，文字写作任务繁重，且她坚持不让岳母受累，就一人带孩子，每天紧赶慢赶像打仗一样，其辛苦劳累可想而知。每次回家看到女儿蹒跚学步，听见早早牙牙学语，常忍俊不禁又感到幸福满满。退休已届古稀的父亲孑然一身，兄妹五人虽然都孝顺，但各自在忙事业、忙家庭、忙挣钱、忙各种事情，却未觉父亲日渐衰颓。我每次来去匆匆，陪他去襄阳公园转一圈，喝上一碗小馄饨，老人就心满意足地像个孩子。也有好心人说项，我们也都赞同，但父亲坚不续弦，说是不能对不起发妻。我与父亲换位思考地想着，晚岁余年空守寂寞，何尝不是另一种的"苦"？

和中央美术学院一样，曾经的中央美术学院华东分院，彼时的浙江美术学院均为隶属于文化部管辖下的十所艺术专业院校之一，当时主管艺术教育与科技的高茵司长大力推行教育教学改革，全面提高教学质量和管理水平。应和着大趋势，我适时向院里提出采用中国画系学科体系建设的经验做法，在全院开展各专业教学大纲、方案、计划修订，加强教材建设的建议。在宋忠元副院长的支持推动下，我在中国画系人物专业全套教学建设的基础上，将改革延展至山水、花鸟、书法篆刻专业，并取得先期成功，再推展至全院的油画、版画、雕塑、史论、工艺美术等各个专业。虽然推进的过程颇费周折，但经过教务处工作人员不辞辛劳的细心辅导和手帮手起草、撰写、修改后，前后约一年半时间，各系陆续完成了教学大纲、方案、计划的制订完善工作。系主任们纷纷表示：一经如此梳理，加上制定的各专业实施细则，大家就会对管理了然于心，有纲可循，有法可依，有案可督察。浙江美术学院第一本教学大纲汇总制定成册，在美术教育界一时传为佳话。文化部高茵司长主持教育研讨会，让浙江美术学院作重点发言介绍，并分赠给与会各院校的教学院长、教务处处长人手一册浙江美术学院大纲文本，让业界同行首先从直观的角度就认识到了何谓规范，何为教学的系统性和循序渐进的教学方法。但也有不同议论，甚至有资深教授质疑道：新中国成立这么多年来，没有教学大纲，不也培养了不少人才和名家吗？当然议论归议论，最后各院校陆续都建立起了立足于本院实际状态和专业特色基础上的教学大纲，相信其对艺术教育、专业教学的意义不言而喻。

　　教育、教学、教务是分属三个不同层次的工作，最底端的教务则是年复一年、周期性和季节性颇强的工作，既需要全周期的长远规划，也离不开阶段性的具体计划，而且都要求执行到位，以此保证一所院校的教学工作正常运转。尤其是每学年的教学质量检查、教师教学工作的统计核实，学生修课不及格重修补考、违反校纪处罚，等等，每每占去我较多时间去沟通协调、处理矛盾。令我时常陷在事务管理、个人专业教学、创作科研的种种纠结之中。尽管如此，我还是

和浙江美术学院教务处同事们

努力地"弹好钢琴",走出教室关灯,离开办公室,走进工作室,回到寝室……依然可以续一杯香茗,在一片白纸和素绢上展开想象的羽翼,任由思想自由驰骋。我撰写的《世纪之交的中国画艺术教学》《浅议艺术教学误区四题》等教学研究类议论文,不同于专业教学、创作评论、批评类论说文。教育管理是在立足于人才培养的长远目标下,在不断总结实践得失经验基础上,梳理并提出若干缜密严谨且行之有效的合理举措,并付诸实施的过程。我在同期创作的一批唐宋诗词画意作品,是为了舒缓一段时期以来沉溺于当代理念的艺术创作思路中的紧张情绪,在攻读那些诘屈聱牙的西方文论的间隙里,反复翻阅、朗读字字珠玑的古典诗词而因之心旷神怡、遐思游走、精骛八极……边塞诗、从军诗的系列画意图就创作于此一时期。

《秦隶筑城图》《保卫黄河三部曲》之后,我一直没有物色到一位"合适的人"来完成中华精神形象代表的创作计划。虽然时常与朋友谈及于此,各种建议也有,但直到一位研究古代先秦历史的专家

冯家有女初长成

我的小家三口

提出可以画屈原，才给了我重要启发。我陆续找来各种资料和各类书刊中有关屈原的介绍，一个爱国主义诗人、政治家屈原的形象在我心中逐渐饱满丰盈起来。这一年，妻子水静汶放弃上海政府机关的工作和后备干部的发展前景，携早早迁居来杭州，一家终得团圆。全家住进了浙江美术学院旧教工宿舍一层的老研究生聚居院内，和徐芒耀、李以泰、欧阳英等同事做了几年邻居，女儿上小学了，彼此有关照，其乐也陶陶。

以屈原为题材的绘画作品历代都有，当代包括我本人也有过作品，主要以肖像、绣像或故事画表现之，或行吟泽畔、孤高吁天；或披发呼号、激愤难抑……我将屈原的多篇辞赋进行了精选综合，从中撷选出若干节点，以《离骚》为画面故事背景，展开其由降生到投江整个过程为主要内容的铺陈，顺时针轮转表现屈原的一生经历。然后通过山水林木、云岫空间区隔不同的故事情节，而在画面中右方向设计了他跳汨罗江的情节，形成其人生的闭环结构。我将整个画面分为"修己""事公""天问"三段式，用敦煌壁画佛本身故事的组合形式将所要表现的内容一一排布填充入内。在画面的上中段和上端，以他诘问天庭的方式，展开他辞赋中最为华彩的"美政"理想和人生抱负。在屈原的形象塑造刻画上，我以为把握突出一个"忧"字，而非"愤"，才是把握住作者文学作品中的丰富意蕴和道德精神中"虽九死其犹未悔""吾将上下而求索"的士大夫爱国情怀。但是屈原精妙诡奇的遣词造句中丰富有加的能指和意涵，以我当时的想象力，虽极尽努力也难呈现其全篇之万一。原来抽象文字表达的意境及其魅力是图画无法尽意企及的，这让我想起了史铁生说过的话："……有一天我认识了神，他有一个更为具体的名字——'精神'。在科学的迷茫之处，在命运的混沌之点，人唯有乞灵于自己的精神。不管我们信仰什么，都是我们自己的精神的描述和引导。"艺术、艺术家和他的作品何尝不是如此。

在具体制作中，我吸收了古代画家吴道子、顾恺之、武宗元和《八十七神仙卷》中的人物造型形式和高古游丝描的线条勾勒技法，追求古意和造型特征的时代感。由于白天教务处工作繁杂，仅靠晚上和休息日逐步进行创作，以至于原本计划画成重彩的《屈赋辞意》，刚一完成线描稿即为同行认可，建议止于白描而搁笔。最后我在作品天地上下两端加上了两拼黑底金字楷书抄录的《离骚》全文以为压阵，完成了不足2米见方的1993年版的《屈赋辞意》一画。作品一经完成，即参加了中国美协的"首届中国画大展"，获优秀奖；转年又入选"第八届全国美术作品展览"，获银奖，旋为中国美术馆收藏。同时我的插图作品《文明的历程》也一并入选和获奖。

1992年10月，经在日本武藏野美术大学修读研究生的妹妹冯节牵线，我随宋忠元副院长，偕张远帆、赵阳、刘正以校际交流名义访问日本，举办美院教师作品观摩展，并做《日中绘画比较谈》的讲演。二战后的日本保存了完好的教育基本设施和师资力量，经过20世纪60年代经济的高速发展，日本一跃成为世界强国。参访期间目力所及之处，其优裕的教育环境条件远胜于改革开放后经济发展刚迈上快车道的国内。如果说艺术教育、教学可以有不同的学术考量、专业见解之分，那么彼时日本的教育体制机制、严谨规范的管理方式和工作效率均给参访团成员留下良好印象，这是值得我们认真学习并努力追赶的。让人高兴的是，短暂的访问期间除见到学业出色的妹妹之外，还见到了当年知青画家刘宇廉和浙江美术学院在读研究生韩天雍。

那年，我创作的彩墨画《星火》一经展出，即获奖并取得较好

《星火》 210 cm×190 cm 1992

反响，旋即被中国画研究院（中国国家画院前身）收藏，作品表现的是井冈山工农革命军高举着火把誓师出征的画面，我将肃立的工农革命军形象统一在整体的暗红色中，以示黑暗重重，但留出空白表现闪耀跃动的火光由近而远、由大及小地蜿蜒开去，漫山遍野的火把形成的火光以示星火燎原，黑、红、白三色鲜明醒目。同年，我们在宋忠元先生的主持推动下，学习综合性大学的经验，在全院实行混合学分制的学生修课成绩管理办法。即将主修专业的课程作为限定性必修课，而将辅修专业课程通过增开更多相关专业的课目，作为选修课由学生自由任意选择，确定主课、选修课的不同分值，在保障主修专业课时充足、质量得到保证的同时，合并计算两类课程的总分，目的是让学生具有更多的学习选择性和培养学生的自主学习能力。

入冬，我先后受文化部教科司的委托，执笔起草全国高等艺术教育改革方案，司领导派教学处李宁处长前来协调工作并提供工作方便，去中央美术学院、鲁迅美术学院以及中央戏剧学院、中央音乐学院、北京舞蹈学院调研，召开各类型的师生座谈会，听取各方的意见建议。在结合了多所院校的经验与做法基础上推出了初稿、征求意见稿，又经多轮修改补充，形成修改稿，连同教科司组织的其他几个专业类别的教改方案，正式予以颁布实施。接着，高茵司长又指名我去北京参加院校专业目录修订并与教育部对接。因为对所交代的目的要求未能准确理解，在修订方案上的会前文本做得欠严谨，挨了高茵司长一顿严厉的批评，吓得李宁处长十分紧张。但我用了一整晚的连夜加班就补齐了全部方案要素，第二天过会汇报圆满无误，也因此使我给司领导们留下了好印象。

行政事务工作和教学之余，我抓紧时间创作、写作。凭着年轻睡眠质量好，一天三个半日，整个人不知疲倦地处于高效运转状态。每天早晨、下午送接女儿上下学、做家务，间或和静汶拌拌嘴、斗斗气还成了松弛心脑的调剂。双休日，还能和静汶、早早三人一人一辆自行车，游览杭州各风景美妙去处。人间天堂，四季风景各具情致，诚如民间赞曰："春西湖不如秋西湖，秋西湖不如冬西湖""晴西湖不如雨西湖，雨西湖不如雾西湖，雾西湖不如雪西湖"。晚上涮完碗筷还能进入工作室创作至半夜。

随宋忠元先生同访日本武藏野美术大学

这一年，我接任教务处处长一职，被评为省优秀教师。荣誉接踵而来，先后成为省政协委员，中华全国青联第六、第七届委员会委员，还随着浙江省青联代表访问团出访日本，作为当年中日两国交流中日本派3000青年访华的回访活动，参观访问了日本静冈县和东京、大阪等的文化教育单位，真切感受到发达国家教育环境的良好。我撰写的《纳洋以兴中的先行者林风眠》《现代日本画的启示》先后于1993、1994年发表；香港画友沈平先生和胡运虎先生牵线，为我在香港博雅艺术公司举办了一个小型画展，我的唐宋诗词画意作品颇受当地藏家喜好追捧。几年后的一次到香港处理公务，偶然看到这件作品悬挂在香港中国会的大厅，装裱得堂皇考究，心里不免颇生悔意。

其间，我还受院里外办委派，到福建泉州华侨大学、香港中文大学艺术系美术班和澳门理工大学艺术及设计学院承担两周不等的中国画教学任务，在外授课期间还结识了不少香港、澳门的艺术家，彼此建立了友谊。是时，浙江美术学院正在开始又一季度的高职评审，

和画家们同访日本

我已符合晋升正高职称的条件，静汶劝我认真准备，不要离开。有了第一次参评副高的经历，我深知竞争照样激烈，而我的个性使然，不愿去找人打招呼、更不愿意去为难上级，所以就按原计划出行了。后来是静汶费力搬运我的参评成果资料和作品而跑前跑后，评审结果顺利通过且皆大欢喜。

光阴荏苒，倏忽已过不惑之年，从教治艺十多年，我每年要求自己完成一定数量的创作与写作，表达此思此想、所求所冀。在这批作品中，既有力求表达我心仪神往的奇姿纵肆、沉雄豪迈的激情与力度的大幅创作，也有一反时风中诡谲、俳谐、佯狂的侠风和戏玩影响的小幅寄情之作。弥漫浸润于笔墨、色彩、造型之间的，既有奔放激越的气势写照，也有抒写平和、委婉、清纯之气，虽宁和澄明、蕴藉含蓄又鲜丽不失雍容的静逸之趣。我觉得，无论是对静逸之趣的追求，还是努力表现中国文化致博大、尽精微，阳刚、淳美的理性精神，两者并不相悖，甚而因为我有了这些实践，才令我对中国文化艺术精神有了更为丰富完整的理解和认识。我当然很在意笔下每一幅作品的视觉形式和造型形式感，我喜欢用笔运线的舒展畅达和笔墨组合的朴茂强悍，近年来又喜好借助色彩来铺张烘托意境氛围。我不赞成创作中的造作和玄虚，因此我下意识地避免采用过于奇险、过于虚妄、过于极端的构图。对于行笔用墨运色的工与意、平与奇、质与文，以至繁实与空白、修饰与自然之类的方法选用和造型设计等，都介于似与非似而偏重于似，立足于两极相对的居中地带，寻找那非此非彼、亦此亦彼的着眼点。虽然这些作品的实际效果仍会有如此这般的不足和遗憾，但作为主观追求，则是我对历史文化积淀中有关壮美和淳美特点的体验、感悟的结果。如果说是秦汉文化撼我以雄强旷达，那么隋唐文化则沐我以璀璨辉煌；如果说是宋元文化濡我以工致谨严，那么明清文化则润我以超拔清丽；如果说是北方文化育我以淳朴坚实，那么荆楚、江浙文化则诱我以诡奇灵变。绘艺无涯，承先启后，探其堂奥需倾一生心力。果若能参透中国文化精粹，又孜孜于中国现代艺术的耕耘，也就不枉为适逢盛世的当代中国画家了。

  艺术显现的是形式，其产生的视觉效应是沟通观者并与之形成共感，实现交流的直接渠道。组成形式的多个局部经由技艺来完成。技若语言，赖以传达神采、气韵、形式，技艺背后便是精神在起着驱策作用。精神、形式、技艺三者，俱不可缺，均可为主又皆可为辅。唯视读者择其不同角度品评是焉。但成功的作品必三者兼胜。

  1993年春节后开学，北京高茵司长的长途电话拨至浙江美术学院教务处。那时我家里还未安装电话，赶去办公室，电话那端传来领导认真严肃的谈话，大意是"从艺术教育事业发展考虑，希望冯远同志调京工作"……我一愣，才刚刚安定下来的生活，时日不长又要变动，如何向家人张口？已有教务处工作体会，加之我并不想离开专业岗位，完全转为行政身份，便表示：我信奉国家至上，但在基层一样可以为国家奉献出力……感谢领导的信任与关怀。最后是婉拒了。高司长希望我眼光放远、认真考虑，又听说我还不是党员，就勉励我要主动追求进步等等。两天后的下午，院党委书记王邦锋先生专程来工作室探访，言谈之中肯定表扬了我近些年的工作，鼓励要求我要做好青年教师表率，积极主动靠拢组织……第三天晚上又来一位院领导做家访，同样夸赞好评、同样勉励希望，并说学院需要有些优秀教师苗子留在党外，这样发挥作用更大云云。难解其意的我，思前想后，还是去向我尊敬的老院长宋忠元先生如实请益求教。彼时学院虽不大，但潜在地以人划线，圈子套圈子，人际关系错综复杂，因历次政治运动留下的隐性恩怨时而尖锐、时而缓和。但在我眼里，正邪自在人心，我没有示好功利主义者的利益诉求。宋先生的态度中肯又务实，希望我从发展的角度走好踩实每一步。回家和已有十年党龄的静汶商量，就郑重地写了封入党申请书递交了上去，并建议党委在讨论此事时研究确定我加入还是留在党外的问题，静汶还批评我的态度不够迫切。半个月以后，我的入党申请就走完程序，进入了预备期，介绍人就是老院长宋忠元和教务处我的搭档朱锡林老师。

春禊时节，"海峡两岸及香港、澳门美术教育研讨会"在北京召开，北京、香港、澳门、台湾四地数十家美术院校、艺术学院和综合性大学美术系科的负责人代表和教务处处长出席了会议。两天的会议内容丰富、交流活跃，我在会上做了《世纪之交的中国美术教育之我见》的发言，并倡议建立美术院校教学联谊会，采取轮流主办、定期交流的方式，加强联络以促进院校间互相学习、共同发展。

在这期间，我有幸随文化部教科司副司长、著名单簧管演奏家陶纯孝，中国音乐学院声乐教授王秉锐，文化部教科司规划处处长郭淑兰，外联局美洲司参赞徐明访问美洲，考察墨西哥、哥伦比亚、阿根廷三国的艺术教育。当时国门初开，国内各行各业都纷纷学习先进国家的专业技术和成功经验，正快步直追世界潮流，而墨西哥等三国虽然彼时经济略好于中国，但也属于发展中国家，因此对方艺术教育的体制机制可以引为借鉴。走马观花，浮光掠影，耳闻目见，双方展开了坦诚交流，互有收益。三国艺术院校的硬件设施、教学组织管理、图书资料、学生专业水准、运转效率与我国当时的状况相比各有短长，并不处于同一层次。中国人口基数大，专业院校学生的专业水准均远高于三国，但对方开放式教学方式具有积极合理的价值。此外，三国院校空间规模都不大，但招生数量很大，其设备的利用率之高远远在我国院校之上。由于各个国家的文化基本建设尚多差异，社会主义办教育也有很多资本主义办教育所不及的优势。简单的事实是，那里的教师仅靠教学一份工资甚至无法养活家庭，还需要兼职工作挣钱，更不必说从事专业创作是一份冒险且不稳定的职业。加上空中往返飞行，前后十三天的活动日程，我看着同行在波哥大、布宜诺斯艾利斯大快朵颐地吃着带血的牛排和餐厅店堂里整片开膛的烤肉，胃里直冒酸水想吐，最后还是靠着郭淑兰随身携带的榨菜腌萝卜维持度日回的国，现在想来真是一方水土养一方人。

　　同年创作的五联画《我要读书》，既是受希望工程摄影家解海龙同志拍摄的那幅著名的"大眼睛"小姑娘照片的触动，也是因多次赴甘肃、宁夏、贵州参加扶贫和资助希望小学孩子的亲历，我看到处于极端贫困中的农村儿童，在全无校舍课室的环境中艰难接受教育的情景，每每挥之不去，也时时联想起我的知青经历。是党和各级政府克服种种困难，"集万足之力、兴千秋大业"，不断加大投入，逐年

和宁夏希望小学的孩子们在一起

改善农村教育的状况。我将能够搜罗到的大量图片精心整合，选取了五个侧面角度，加上写生的肖像素材，充分表现了这个主题，回应广大农村儿童的心声。

1994年创作的《秦嬴政称帝庆典图》，构思原发于90年代不断传出新发掘出土的陕西秦始皇陵陪葬坑考古新发现和难以想象的秦始皇身后地下王国的规模。而无数次从教科书中看到卢浮宫里大卫的巨幅油画《加冕式》，作为欧洲古典主义绘画的经典代表作再现了真实的历史事件。中国美术史中虽然也经典无数，但缺少厚重的人文历史作品，更鲜有以人为主题的史诗性图像呈现。尽管东西方艺术受各自文化观念和审美价值以及材料技术等种种因素影响，但中国传统艺术中缺少热烈、宏大的精神理想却是不争的事实。我有意采用中国绘画的一应手法、形式，尝试结构历史情境，重现文献史料中记载的始皇帝重要活动场景，以表现千古一帝君临天下的恢弘气势和典仪叙事。按照君权神授的古代君主专制理论，我没有让比皇帝身份更为高贵的神的使者来为君王戴上冠冕，而是以秦嬴政双手接过使臣奉呈的冠冕施加于自己的头顶作为细节处理。秦始皇的形象设计主要依据的是历史流传的多种线描版本，经综合并略加美化而成。画面中，我除了画秦嬴政的造型神态和威仪外，在他的四周和丹墀之下，添画围绕匍匐着众多的三公九卿、各个等级的臣僚、都尉、官吏，而外围则是仪仗队、兵马护卫、御林军阵，天上祥云缭绕、瑞鹤回翔、旌旗飘扬、鼓乐齐鸣……三个层次的人物群像组合拱卫着天子的加冕仪式。技巧上我采用拙壮匀实的中锋线条勾勒人物形象、衣冠器械，通过疏密有致、略带装饰趣味的线结构处置，形成不同灰白色阶层次与节奏的线的交响。该作品从构思到制作完成前后历时两年多，虽然画幅不大，却实现了我攻关历史主题绘画的夙愿，同时也成就了我有史以来较大幅面的一件白描作品。

为了纪念中国民主革命的伟大先驱孙中山先生诞辰130周年，1995年由华侨姚美良出资，广东中山大学承办的纪念活动，委请更名后的中国美术学院创作一批反映辛亥革命孙中山先生活动的美术作品。分给我的创作主题是《孙中山与〈建国方略〉》，虽思想内容丰富，但作为思想蓝图颇感难以切入，经过仔细阅读孙先生《建国方略》文稿，考虑取虚实结合的方法，尽力视觉化思想内容。通过反复构图，最后确定以孙中山全身立像做报告讲演的姿态为主，背景以多画面虚实叠置治国方略的种种构想，用穿插组合、递次排饰的方式展开，同时以印刷体文字抄录孙先生报告的章节段落原文，以追求画面构图饱满丰实、整体厚重、历史感鲜明。作品一经完成，即获认可，随后被中山大学博物馆收藏。中华文明历史悠久，代有人杰，他们的报国理想和不避艰险、玉汝于成的奋斗精神令我赞佩。读史越多，感触益深，也就从那时起，我萌意在有生之年敬绘中华先贤。

是年11月，我去广州美院参加一年一度的教学联谊会活动，结识了该校院长、著名雕塑家梁明诚，书记、花鸟画家张治安，教务处处长、版画家邝声和范凯熹、周善玲夫妇。夫妇俩同是曾下乡安徽当

秦嬴政称帝庆典图

公元前二二一年秦王政二十六年秦王政统一六国後立即召集朝臣議定帝號群臣盛讚秦王政的功業是自上古以來未曾有五帝所不及建議選用古代最尊貴的稱號泰皇稱秦王政去秦著皇采上古帝位號稱皇帝又稱麟秦王政不制令曰詔天子自稱曰朕廢除帝王的諡號自稱始皇帝

一九九四年丙遠製

《秦嬴政称帝庆典图》　200 cm×400 cm　1994

灼日 冯远自传

农民，后通过刻苦努力，考上广州美院并留校执教。夫人周善玲更是端庄干练，组织协调能力超强，给我留下深刻印象。

年底前，文化部下达给各单位一批政府特殊津贴，相当于奖励颁授给教学科研创作有成果的专业人员，学院上下中年以上的教师人人在乎，名额实在不够分配，院长给我做工作："冯远你还年青，谦让给老教师吧。"行！可以让。学院盖了教师宿舍楼，人人翘首企盼，但分房条例需要按业绩积分排序，为此争执得不可开交，还发生有教师夫人现场昏厥的事故。我积分高，在同一茬教师中排序靠前，但和静汶商量选了七层的西晒房，让出了三层的朝阳房。有人说风凉话了：现在哪还有这样的活雷锋？这是冯远的招吧？北京高茵司长知道了我的情况，特意为我从司里追加了一个特贴名额。春节放寒假前，我和时任中国画系主任的潘公凯一起被任命为院长助理，这本来是件好事，却也发生了些小插曲，说来令人莞尔，斯时有志于此的院内竞争者有多位，传言可能有心里不服者或好事之人向上级部门写信反映不同意见，学院为此暂停了公布日程，侧面开展排查，听说我还是"嫌疑者"之一。

翌年春天，杭州苏、白两堤桃红柳绿之时，文化部教科司又指名要我配合教育部参与制订高等艺术院校教育评估方案，司里派出时任计划调配处处长王峰专门陪同教育部高教司副司长刘凤泰来杭州中国美院调研并商谈如何具体开展工作事项。坐在西湖边郭庄临水一侧品尝着龙井茶，富有管理经验的凤泰先生介绍了教育部全面提高教学质量管理的要求，和其他各个门类院校先行一步的做法，说明并提供了评估工作的核心任务和重点指标要素，为我执笔起草制订切实可行的艺术类院校教学评估指标体系提供了十分重要的帮助。聊完工作，他还不经意地说了句："西湖虽美，但毕竟偏于一隅，我看文化部里很看重你,何不考虑来北京发展……"凤泰先生长我几岁,为人平和坦诚,后来我们成了可以说说心里话的好朋友,但当时他可能言者有意,而我这个听者则未往心里去。

1996年4月,时任文化部人事司副司长霍凤仁专程来中国美术学院宣布潘公凯和我分别提任为院长、副院长,我接替了宋忠元先生分管的这一摊工作。评估方案的制订并未如想象中的简单,主要原因是文化部部属院校有音乐、戏剧、舞蹈、美术等众多门类,各个专业情况千差万别。而教育部出台的评估指标体系,无法就着各校各专业的特殊性,既需要兼顾千差万别的具体情况,又要确定基本原则和主要核心指标。紧接着又是一轮文化部部属各专业院校的调研分析、梳理、归纳,工作琐碎细致,其间需要组织各院教务部门专职人员仔细核算、审慎复核并形成指标数据,再经过几番的征求意见和召开座谈会,听取老、中、青专业教师的意见建议并再加修改完善,方案终告通过。接替高茵主持司内工作的陶纯孝很是满意,嗣后即任命我为部属院校教学评估工作小组组长,参与并指导各院校开展教学评估的自查和复查验收工作。感谢上级的信任。教育事关人才培养,教学质量把控和管理水平提升确乎重要,但要将评估理念及具体操作方法推广至每位教师,并真正有效实施,个中还需要经过极为繁琐细致的工作流程,需要巨大的精力投入,但这确实是艺术教育改革的重要一大步。

匆匆一年在忙碌中转瞬即逝。1996年冬天,由天津人民美术出版社张万夫、刘正两位编辑邀约编写的《水墨人物画教程》出版发行。从入学专修水墨写意人物画专业至执鞭从教人物画写生、创作研究不过十余年,虽有所积累收获,然粗浅体味、砚边拾零,比之大家名宿实在浅短。绘画作为造型艺术,在很大程度上是经多少代人经验的累积、综合、传授进而发展的，技艺的承继、演变亦然。但我清楚该书中的经验不唯我个人所有，实质是在吸收了方增先、吴山明等众多先生的成果基础上，融入自身实践认识和体会而成。不管属于"我的"那点东西幼稚也罢，浅显也罢，在艺术创造中，保留一些诚挚的"偏见"，比之不偏不倚、四平八稳的周全，更有实用意义。该教程的出版，受到了同行和青年学生的欢迎。我先后为几位先生的艺术作评，如《方增先和他的浙江人物画》《回到单纯——吴山明近作艺术风格谈》得到刘国辉的认可，我应他要求以相当规格体量为之撰写述评《颖于悟　敏于思　勤于行——评画家刘国辉》……于年中在由陶司长主持的文化部部属院校教学研讨会上，结合艺术教学评估活动全面开展的工作需要做《学院的当代使命》发言，阐释新时期高等艺术教育的责任与方法之我见。

为庆祝7月香港回归，我赶工创作了《世纪梦》，图中以泛黄褐色作底，以类乎年代久远而褪色的模糊笔调，描绘了百年前与英国政府签署屈辱的租借条约的清王朝道光、光绪二帝和港英政府第一任总督璞鼎查的形象，又以鲜明响亮的笔墨色彩，描绘了邓小平、江泽民二位坚定收回香港、一雪前耻的中共领导人和回归后第一任香港特区行政长官董建华，又以楷书题款抄录这一历史见证的文字记叙以示纪念。同期，我的线描作品《秦嬴政称帝庆典图》也在由中央政府举办的庆祝香港回归大展上获"中国艺术大奖"。此外，结合创作实践、分析两种不同创作理念和手法形式、总结该阶段中国人物画创作状态的论文《"人"的艺术和"艺术"的人——兼谈当代中国人物画创作问题》在多家报刊发表；陕西人民美术出版社也决定出版我的作品精选……

深秋时节，我在繁忙的工作事务和外出主持艺术院校教学评估

《抽象水墨系列·炎上》 43 cm×32 cm 1998

中，不但坚持教学创作两兼顾，还偕国画系、史论系唐勇力、任道斌两位教授应邀访问了韩国圆光大学美术学院和汉城大学艺术学院。参访期间除举办了两校师生的作品联展，在学术交流上我还做了《本世纪最后十年的中国美术》的讲演报告，加深了中韩美术教育的相互了解，建立了校际联系，确定互派学生留学深造。寒假之前，还受委派去新加坡南洋艺术学院讲授水墨人物画课程，并做示范作品展和系列讲座。彼时令我感到不解的是，与国内艺术院校不同，新加坡学校学绘画艺术的多为中年富太太和青年女白领，少有专志于绘画艺术的二十岁上下的青年学生。后来了解到，原来艺术在发达国家地区多是有钱有闲阶层或有相应经济实力保障的喜好人士且多为女性从事，原因恐怕是男人都须去学赚钱的专业和营生。但不管怎样，校长何家良却是位谦谦有礼的学者、教育家，画得一手老式风景油画。至此，我基本了解了当年发展快速的亚洲"四小龙"地区的艺术教育和专业状况，这对发展中国的相关事业有着重要的借鉴警示意义。

　　换了届的中国美术学院决策班子，在继承了前任"一带两翼"扩展办学规模，提升办学层次的发展思路主导下，努着劲地与中央美院等兄弟院校比学科发展、比学术影响力、比新校舍的拆建。一批年青人纷纷走上各系的领导岗位，踌躇满志，豪气干云，个中不乏好大喜功、耽于求新、擅为花拳绣腿者，偶有亲属庇护而性情跋扈者引发逐利尚变之风。而本应秉持的注重基础治教理念也常受其扰，常有议决之事屡因权变而逾矩越度。世事纷攘，置身于中，不甘事事妥协的我，要保持一种平和、周正、淡远的心态于从事专业和行政管理，且矛盾常常多于契合的两种学问之间。奔忙穿梭于多条头绪之中的我不敢懈怠，颇有身心疲惫之感，高、陶两位司领导和凤泰先生善意的劝慰与告诫的话语不时在脑际萦回，甚至开始怀疑继续陪读与背书的意

和画家们同赴意大利宣传介绍西藏的文化艺术

义。

  1998年春夏之际，忙完中国美院70周年校庆活动的进京展后，我向班子一二把手提出的自费赴中国美术学院驻巴黎艺术城工作室进修三个月的申请获批准，是对我多年为学院尽心竭力工作的回馈与犒赏。书记徐嘉木慨然应允，但要求我带个队伍，国画系王庆明老师、版画系姚巧云老师、雕塑系青年教师翟庆喜和国美艺苑的章根源先生同往。7月中旬，我们五人如期出发前往早已深交熟稔的法国巴黎——欧洲经典艺术的集萃之地和艺术朝圣者的向往之城。飞机一落地，来接站的美院青年教师孙景刚、黄河清等就按捺不住滔滔不绝地为我们介绍沿途的经典名胜，历数法兰西世界珍宝。工作室驻地就在塞纳河旁巴黎圣母院西南一侧的艺术城内，主席布鲁诺夫人长期与中国文化界保持着友好的关系，并多次造访中国美术学院。夫人礼貌地接待了我们，并祝我们一切顺利。

  接下来的日子，我们每天用完早餐，就带上面包和瓶装水，等

在卢浮宫维纳斯雕像前

博物馆一开门便入其内，尽情地观赏研习精妙的艺术珍品。从文艺复兴古典艺术集大成的卢浮宫到印象派新艺术诸流派齐全的奥赛博物馆；从皇家艺术珍宝富藏的凡尔赛宫到现代艺术琳琅满目的蓬皮杜艺术中心；罗丹美术馆、埃菲尔铁塔、圣母院、蒙马特高地、毕加索博物馆、大小皇宫、凯旋门……我不谙法语，但是艺术无须翻译，艺术能够跨越不同国家的疆界连接人心。初期横扫一遍，然后细细端详揣摩、择要研究。暑假，我以个人旅游方式申请接来静汶、早早一同游览，那段日子里，我们一行7人沉浸在极度的兴奋和愉悦中。接着，利用在法国休假的时间，我们精心策划，凭一张地图先后到访了德国、意大利、荷兰、卢森堡、西班牙、比利时等。夏日的阳光璀璨明艳，即便是白日酷热、暑气灼人，也丝毫未曾影响我们从比较的角度来认识在世界艺术史教科书中早已为人熟悉的人类艺术瑰宝。王庆明老师一路忍不住地咂嘴；姚巧云老师时时发出惊叹：美啊！美在生活。尽管一路上我们没少闹出笑话，不是坐反了火车，就是丢了摄影器材；不是被盗了钱款，就是遗失了护照，不一而足，但是这些丝毫没有削弱我们此行的热情与好奇心情。

8月下旬，学院来长途电话，要我月末返校，只说是文化部有指派任务。

9月初，文化部分管业务领导潘震宙副部长召见我，聊了聊教学评估工作的进展情况，临了说："组织上有考虑调你来部里工作。"主管人事的李源潮副部长约我谈话："党组决定调你来京工作，接任科技教育司工作，有困难吗？"秘书最后领着我进了部长办公室，孙家正部长给我颁授了"国家有突出贡献中青年专家"证书，并同我握手说："欢迎你来部工作，今后我们就是同事了，回去准备准备吧……"

第五章 庙庭炼履

人生不设限，但你不清楚你能走多远。

——题记

1999年5月，我正式接任文化部科技教育司司长一职。

政府公务员的工作方式与在高校当老师兼任行政工作全然不同。司长要了解并综合情况，在贯彻落实中央政策精神、部党组有关执行举措中做好工作研判决策，既不能凡事亲力亲为，一竿子插到底，越俎代庖，压缩了处长、处员的工作创造性和主动性；又不能凡事听汇报，高高在上，与情况隔膜，造成误判。太严肃了与人有距离，容易孤家寡人；太和气了，容易坏了规矩被带沟里。那时没有上岗培训一说，没有人教你如何当个称职的部门负责人，都是靠自己细心观察和碰了各种钉子后逐渐明白事理。我和司里童明康、王峰、严先机、陈迎宪等同志明确分工，各司其职，坚持召开周例会，互通情况，相互配合推进各项工作。通过教育评估，抓教学质量管理、教学规范监管；抓教材基本建设，逐步争取扩大招生规模、增设新专业；抓中专艺校建设，抓全国专业布局，抓孩子们的文化课和思想品德教育。工作接触中，得遇上海戏剧学院荣广润院长和中央工艺美院常沙

与文化部的领导和同事们

庙庭炼履

娜院长。我半开玩笑地说起当年报考两院因政审不通过,不能录取的往事,两位院长十分错愕地说:"竟然还有这样的事?"真所谓十年河东、十年河西,人生还真充满了戏剧性。我的优长在于具有基层院校工作经验,熟悉教育教学规律,司里同志们善于协调上下级各方资源和宏观管理,相互配合,相得益彰,将艺术教育重点工作开展得既有序又富有成效。我还撰写发表了论文《追求经典》。

1999年10月,新中国成立50周年喜庆日子来临,文化部和中国美术家协会共同举办"第九届全国美术作品展览"。此时正值世纪之交,世界各国人民都对新世纪抱有美好期待,但传媒界却发出一片悲观的论调,认为21世纪将是个不确定、令人担忧的未来,局部战争、饥饿、疾病、难民、贸易保护主义、能源竞争等矛盾错综复杂,甚至有关于"世界即将终结"的种种预测,例如玛雅预言和法国诺查丹玛斯星象说甚嚣尘上……但是唯独中国的改革开放让国家走上快速发展、人民生活不断改善的快车道。这个百年历史也是世界文明进步最快、成果最为丰硕的百年,正是依靠了一大批政治、经济、文化、教育、科技精英的杰出贡献,全世界迈进了现代文明的新时期。我构思创作了大型人物群像作品《世纪智者》,我将这百年中具有代表性的中外思想家、教育家、科学家、社会学家和人文艺术家的肖像组合起来,由近而远地排列开去,并按照地球地平线弧度形成一个巨大的人阵。在这百多人肖像的背后是深蓝色天际正露出鱼肚白光亮,苍穹布满星辰,那都是精英的身份和姓名。我遍寻当时能够找到的中外各类名人的生平资料和图像,经过多次的草图设计比对,确定了中外名人的数量比例和排位。当时电脑尚未普及,为了查找这百多位世界名人的相关素材煞费了苦心。我进这家出版社、出那家图书馆,白天上班,下班后尽己所能地陆续找齐了所需资料。那时我只身先来

《世纪智者》 232 cm×187 cm 1999

京工作，司长办公室不大，但有一面空墙可以利用，晚上我就在不足20平方米的办公室里铺开了工作面，一个个人、一个脑袋加一个脑袋地拼接组合各位中外杰出人士的肖像；马克思居中，李大钊居前，其他人士依次按主次轻重逐步排列推展开去……然后先是素描稿、拷贝，再是水墨草稿、复制正稿、落墨着色……连续三个月，顺利完成了232厘米×187厘米大小的1999年版《世纪智者》。作为一件有意突破传统中国人物画构图形式和人物塑造笔墨技法的新作，我着意以纪念碑的构成样式，将不同国度地域、不同年龄行业的名人组合在一起，还在天际本应留白的空间以文字表达名人身份的象征性方式，在之前的人物画中未曾有过。更为刻意的是，作品中的众多人物，我选择了正面严肃、凝神式的表情，就如同面对面地审视、诘问观众，可以通过对视与观众产生神交的心理感应。作品一经展出，既受到好评，也有质疑变革出了格的。后来不少同行、理论家和观众表示颇有排山倒海倾压过来之势，令人感到惊诧和某种被压迫感，而一旦真实的智者形象聚集在一件作品中，其潜在的视觉震撼力将是难以抗拒的。此时我已是美展评委，作品可以参展但不参与评奖，而作品立即为中国美术馆收藏。

深夜，顶着一头星空，我步行返回临时过渡的国子监宿舍楼，虽然觉得内心很充实，但是要在两条战线上保持良好的工作和专业创作状态，需要强壮的体魄和锲而不舍的意志力。入冬之前，静汶和早早相继办完了迁转手续，全家搬来了北京，临时住进了舞蹈学院教工楼的一层居室，静汶去了中央音乐学院任职继续教育工作，女儿进入了人大附中学习。过渡房两居室，由于堆放了不少未经拆解的家具什物，没有完整的墙面可资用于创作。翌年，迫于多个学术邀请展的追索，我就利用房门背面，创作了"都市一族系列"。作品综合地将我

灼日　冯远自传

《都市一族系列之八》　219 cm×60 cm　2000

《都市一族系列之三》　219 cm×60 cm　2000

在越来越时尚化的都市中的亲历，与青年人共事和与文化界各行各业的专业人员交往的感受，以及迅捷发展变化的社会种种新事物、不断丰富优裕的物质生活对当代人价值观产生的心理影响……通过10幅竖式作品展现了出来。无论是表层还是内在，这种变化的深度广度都是显而易见的，我将传统文化与现代时尚作为对比反差同置于作品画面中，以表示我对创新变革充分赞许，同时也对传统文化被日渐疏离忽视而担忧。我精心遴选了10位不同身份职业的人为表现对象，造型生动活泼，背景配上古典诗词的行草书法，形成某种视觉形式上的不和谐对比，意在引发读者观众的思考。这一年，我还在《国画家》发表了论文《状写、意写皆为大写——艺术的内形式研究》。

同年春天，由国务院主管领导主持推动的教育体制改革全面实施，大批院校根据发展要求，采取强强联合的做法进行了系统性的合并重组和升格。文化部下属的艺术院校也遵照国务院下达的改革方案进行调整，我担任了孙家正、潘震宙部长与教育部陈至立、周远清部长的信使，来回穿梭、协调联络各院校与文化部共同草拟出二至三个调整方案上报审批，其中有分也有合，有加盟合并，也有保留独立，建制包括组建中国艺术大学等多种选项……最终，央美、央音、中戏划归教育部直属，国音、国戏曲、北舞、上音、上戏和杭州的国美则分别划转由北京市、上海市、浙江省属地管理，同时推动促成了文化部、教育部、地方省市签署了三方合作共建协议。纷纷扰扰，改革的结果终于算是各有归属，尘埃落定，但各个院校间攀比诉求则此起彼伏，持续未歇。此时正赶上中央美术学院靳尚谊院长到龄，院班子换届，我就向孙家正部长提出了表示愿意归队的想法。一周后，孙部长批准了我的提议，旋即由教育部体卫艺司和人事司按规定走推荐考核程序。我是人选之一，当时据说还有其他人选。年底之前结果公布，我作为拟任人选，经两部党组讨论通过，正式签署了调遣令。元旦后，教育部人事司的李卫红司长打来电话，一是表示欢迎我归队，重返教育岗位；二是征询我如何配书记的意见。我爽快地说了句玩笑话："我和谁都能合作，只要不是五十岁更年期的老太太即可……"对方听了哈哈大笑，说一定认真考虑我的意见。临近春节之际，对方打来电话表示十二分的抱歉，说情况发生了变化。后来辗转传来消息，说是因特殊的理由调整了中央美术学院班子一把手的人选。

归队不成，继续效力文化部。拜孙家正部长信任，我调任艺术司任职。如果说教科司职责在于管理艺术教育和舞台科技的话，艺术司则是主管艺术创作生产，而且舞台艺术为其重头。彼时艺术司内历任遗留问题多多，各种矛盾交织，甫一接任初步摸了摸情况，令人怵头。后来也就想明白了，部领导专挑我这个外专业、京外调入干部、非圈内人员来协调司内工作，端的是为了缓和内部矛盾、改进工作环境、提高工作效率，更好发挥功能。我分别与司里几位老同志，著名剧作家、副司长戴英禄，曲艺杂技处处长李延年，演出处处长许树滋，戏剧处处长查振科，办公室主任程桂荣等同志谈心深聊，就如何解决内部矛盾达成了许多共识。我从谋事识人用人做起，不分亲疏、用人不疑，通过共同做事把大家逐渐凝聚起来。艺术司联系着十个直属专业院团的创作、生产和全国各省艺术院团的创作演出交流、评比工作，寻求资金资助并奖励院团的创作、生产、演出至关重要。我争取得到部领导的支持，经过几番努力，从财政部申请到每年2500万专项经费，设立"国家舞台艺术精品工程"，每年从全国入围的30台剧目中，经过精打细磨，推出10台精品推广剧目；又申请了每年2000万的"国家美术收藏工程"专款，扶持文化部下属机构美术馆

在艺术司共事三年的朋友聚会上

等用于收藏艺术品，使部门忙了起来。我当然不是什么都懂，看戏观摩常常免不了被拽着发表几句评论，提些要求。我就认真地去学习了《戏剧概论》《音乐概论》和《舞蹈概论》，虽说读了未必就成内行，但至少不说、少说外行话，因而把院团关系处理得颇为融洽。我们建立起京昆专项资助经费，每年轮替举办十数项赛事，加上艺术节、艺术专题汇演，更重要的是每年还为中办、国办组织京剧晚会、元宵节团拜活动演出等等，忙得团团转。但那却是一段十分难得的经历，它让我有机会涉及多个艺术门类，从中学习领悟了许多相关艺术创作的特殊规律和艺术理论方面的知识学养，收益很大，这也为我后来的创作实践拓展了视野，丰富了艺术想象力，更加深了对不同艺术和综合艺术表现手法的认识与体会。

在艺术司前后三年，我努力端平一碗水。任人唯贤唯能，让司内同事每人提升了一级，还有的出国考察学习，兑现了应有的加班费，大家心逐渐平了，气也顺了，能够坐下来一起吃饭喝酒了。可我的梅尼埃病却时有发作，且越发频繁，我知道这是长期紧张疲劳所致。但我更清楚，从骨子里我还是不适应演艺圈的种种做派风习，加之我自忖完成了部领导交办的任务，就想趁着中国美术馆杨力舟馆长即将退离的机会，再次向孙部长提出了回归美术行业的请示，孙部长很意外："干得好好的，为什么还要走？"

2001年5月西藏和平解放50周年，中央主要领导同志率代表团前往慰问，文化部孙部长嘱我安排中国歌舞团随团赴西藏慰问演出，有着军人作风的团长张业生领着青年歌舞演员在拉萨广场、剧院演出多场。那些第一次赴藏的俊男靓女们热情奔放、超常发挥，但一下场就一个个因缺氧喘着躺倒，我看着累瘫在地的孩子们十分心痛，为他们端水送药，送医院急救，手忙脚乱。那天夜晚广场还飘着小雨，藏族同胞群情高涨，参加演出的著名歌唱家、舞蹈家们冒雨倾情表演节目。怕因此淋雨感冒，我为她们撑着伞，却被再三推辞。那一刻，台下观众的场面让我真切地感受到：人民热爱艺术，艺术家也离不开人民。在拉萨、阿里、日喀则随团巡演，我随当地工作人员顺道插空转了几处藏族同胞聚居地和分散的毛毡房，匆忙画了些素描速写，来不及画的拍了些照片，就赶着回到工作状态。"苍生"系列作品中的人物形象就是取自那次赴藏收集的素材，那些纯朴略带羞涩的青年男女、藏族壮汉和喇嘛的健康黝黑、呈古铜色的皮肤，在明净的蓝天白云映照下显得十分的厚重雄强，十分入画。"苍生"系列后来应邀参加了如"世纪风骨——中国当代艺术50家展"等多个展览。尽管工作忙，我还是坚持利用零散的业余时间，创作了数十件各种题材风格的作品，并由荣宝斋出版社出版了《荣宝斋画谱·冯远（135）》；同时还撰写发表《在文化交融与竞争的历史进程中》等论文和评论。

2002年，随着国家经济建设快速发展，连续数年以两位数增

在西藏阿尼玛卿山4000米坡地上

小昭寺前和香客在一起

长，保持着强劲的上升势头，国内文化、科技、教育等行业市场化改革的呼声日趋响亮。而从现实情况出发，经济效益成为衡量一个企事业单位和地区成功与否的表征，故文化体制改革被正式提上日程。文化部除保证下属院团及事业单位基本拨款外，还适时推出了以奖代拨的举措激励院团增加演出场次，双管齐下，向市场要效益。同时院团纷纷改名，要求冠以国字头。对此部领导有着清醒的认识，但从增强院团发展活力考虑，最终仍给予了支持。彼时中国画研究院也积极要求更名为中国国家画院，我曾从专业角度试图说服刘勃舒院长不要放弃"研究"二字，并认为专业机构能否获得更大的影响力主要看实绩，还希望画院能够主动应和党和国家中心工作，策划组织一些主题性创作活动，带动全国画院系统为表现改革开放新时期国家取得的新成就进行创作，以作为赢得地位，而不是各人画各人的，只在笔墨技艺形式上做文章。但当时画院的青年画家们心气很高，觉得只有改名才能奠定"国家队"和"皇家翰林院"的地位。与此同时，由于全国各省的画院大多因管理松懈而引发社会颇多非议，甚至建议予以撤

《苍生1》　220 cm×70 cm　2001　　　《苍生2》　220 cm×70 cm　2001

销，认为政府养了一群不下蛋的鸡，拿着工资还画自己的画卖钱……部里责成我带队调研并提出改革方案。我带着调研组的美术处处长刘国华、安远远等同志赴北京、上海、广东等地画院进行实地考察，在审慎地听取了各方意见后，认为对于一个文明古国、文化经济大国而言，办好几家小而精的专业创作机构来承担政府指派的工作任务，开展对外文化交流宣传是必要的，但管理机制和考核办法要跟上，使其真正能够为发展提高民族绘画艺术出精品、育新人；同时没有必要层层由政府办画院，鼓励社会力量采取多种机制支持画院的发展建设。部党组织慎重研究采纳了调研组的意见和方案，保留了画院这种传统形式，但下达文件要求加强并提高管理水平，并推广了上海中国画院试点成功的改革经验。这个结果让业界如释重负地松了一口气。

随着改革开放以后对外文化交流的日趋活跃，各级政府、事业单位和私人举办的各类交流活动的热度持续上升。中国艺术家参加各种国际专业学术活动和展览，如当代艺术双年展的主观愿望和参与意识日渐增强，甚至出现了个人自发报名参加外展和接受外展邀请参展的数量不断增长的情况，尤其是一些国际知名的品牌展览，如圣保罗双年展、卡塞尔文献展等等。政府作为支持鼓励对外交流的推手，理应也完全可以建立一套遴选机制，主动选优以国家馆名义出展，以规避参差不齐的混乱状况。我们立即设计了一套程序，采取公开招标、个人或集体报名、专家评审、政府批准认可的方式，将此类活动纳入规范化管理。同时对于美术馆举办当代艺术展，在拒绝色情、暴力、血腥和任意调侃丑化政治人物等不良意识形态的基础上予以鼓励支持，逐步扶持引导中国式当代艺术的创新展示交流，进而遴选有价值的实验艺术入藏……那段时期，工作头绪繁杂，还经常要面对各种新问题，但确实是长知识学问和本领的锻炼机会。2002年初冬，孙家正部长率杨炳延、丁伟、吕章申和我以政府代表团名义赴欧洲访问，我们在不同层级面上接触了解欧洲各国政府的文化政策和施政举措，这对后来的对外文化交流更加有的放矢不无裨益。

2002年，我的水墨画作品《虚拟都市病症》入选"第三届深圳国际水墨画双年展"。这是我在正面歌颂经济发展、社会进步的同时带有批判现实主义意涵的一件作品，画中通过十六张人物的下意识表情，在表现当代社会物质文明不断丰富的同时，暴露出物欲横流的人性，诸如贪婪、伪善、娇宠、浮躁、势利、冷漠、自恋等等。我以写意的笔法在夸张表现人的形象特点和表情特征的同时，试图以"虚拟"的名义，让批判揭露的锋芒指向更为犀利深刻。2003年，我利用下班空余时间，先后为人民大会堂和京西宾馆创作了两幅《唐人击鞠图》，用于主要场所的陈设装饰。这两年，我先后发表了论文《艺术的生命力在于艺术的原创力》和述评《美术：2003年的关注与思考》，还在参与策划的"首届中国北京国际美术双年展"论坛上发表讲演，阐释了中国政府和文化艺术界以积极开放的姿态融入世界文化艺术的共同发展建设，以及互鉴互学、共同提高的主动意愿和双年展参展各国各展其长、各美其美、美美与共的策展理念。

是年，中国美术家协会召开第六次全国代表大会，我很荣幸地成为主席团成员之一。也是那年，中央组织部进行后备干部考察，我在备选入围名单中排名靠前。听说我有意离开机关去美术馆，不少同事朋友好言规劝：呼声不错，何要出此下策？机关历来宁上不往下，平调不值……艺术司的工作确实忙乱紧张压力大，除全国各地观剧看戏之外，平日里晚上审评剧目听戏听音乐会再晚，白天仍须准时到岗，责任意识驱赶着我始终处于奔忙状态之中。梅尼埃病愈发频繁发作，经常突然眩晕难以自持，天地旋转、恶心呕吐不止，加之自觉专

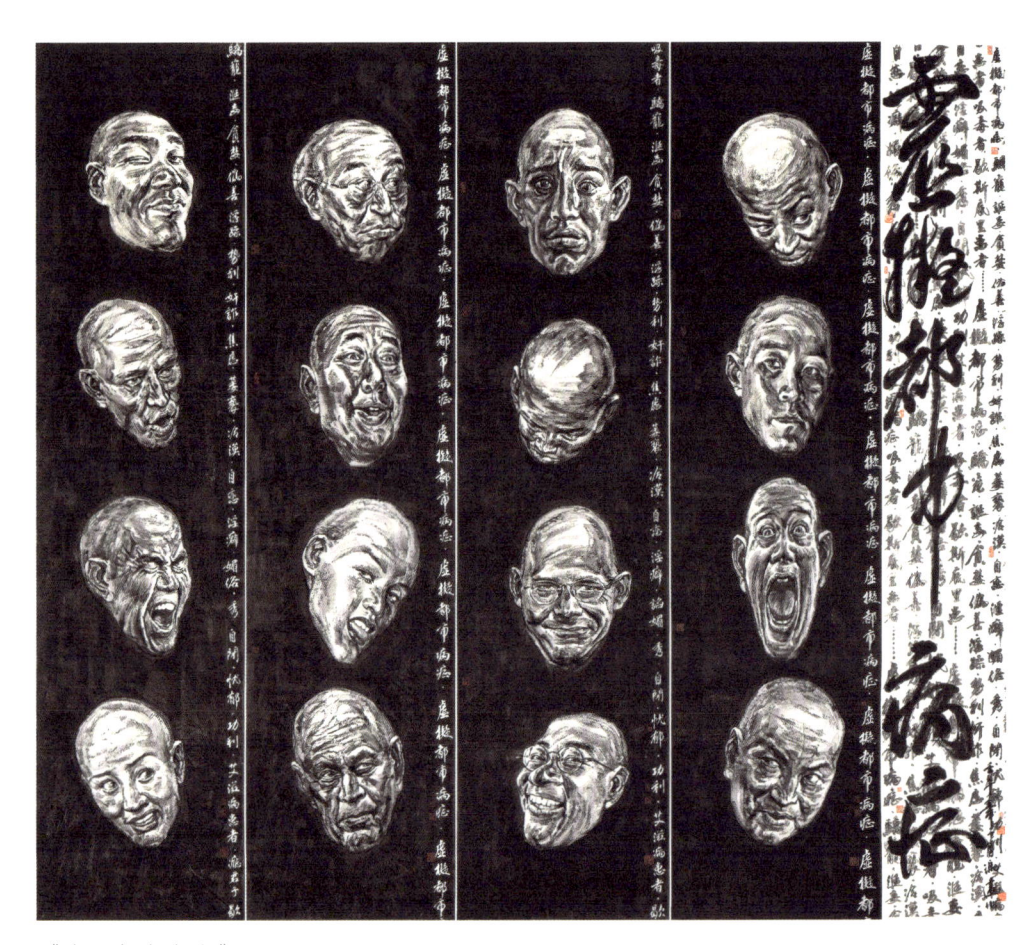

《虚拟都市病症》　　247 cm×282 cm　　2000

业状态尚可，回归本行意愿日增。我十分感谢机关同僚好友的善意，也深知公务员进取之途自古华山一条路，但我还是再次向家正部长提出了请求，终获领导谅解。让我高兴的是，那年女儿还如愿考上了北大。

　　忙完2004年春节前后的多场大型活动，推荐了舞蹈理论家、北京舞蹈学院原副院长于平作为我的接替人选，5月，我就职中国美术馆馆长。在中国美术家的心目中，中国美术馆就是一座艺术的圣殿。

虽然与今天各地拔地而起的新建美术馆相比，它的规模和空间都并不大，但仍以它经典的中国建筑风格成为美术家一生中最好成果的展示彰显之地，令人神往。彼时中国因经济发展强劲，文化艺术创作与对外交流已趋活跃之势，我在了解馆内状况、研究了世界各大美术博物馆各自的优势短板后，结合历史和现实条件，和书记钱林祥大刀阔斧地推行了一系列举措。在馆内原有内设机构基础上，我会同副馆长杨炳延、马书林和王安副书记，调整新设了对外联络部、信息传媒部，分设了学术一部、二部，应对造型和综合类艺术；加强了展览部的一条龙服务功能和典藏管理机制；采取了公开竞岗的方式，提任了韩淑英、王兰、裔萼、何琳、郭玉荣等一批能干的青年新人上岗；强化奖勤罚懒，公开处理历史遗留问题，修订了规章制度，使馆内形成了开明进取、和谐活泼的工作氛围。

中国美术馆的主要职责，在于配合国家重大节庆如建党、建军、国庆等专题举办庆祝纪念类活动；组织筹划并承接高水平的美术作品，用以开展对内对外的学术交流展示；研究收藏优秀美术作品以增加库藏是其重要任务。当年10月，为配合中法两国政府举办的文化交流年活动，中国美术馆承办了"法国印象派绘画珍品展"。51件作品在展出的近50天里，共接待了观众30万人次，日观众流量最多达16000人，不得不采取限流限时参观的办法。又由于中国观众热情踊跃，在展览结束前的10天里，我破例开放了一次美术馆历史上绝无仅有的夜场展览，以满足观众一睹来自欧洲经典艺术的观赏愿望。12月，美术馆又承办了"第十届全国美术作品展览"（获奖作品），近500幅来自全国各地的优秀佳作、金银铜奖作品齐聚殿堂，琳琅满目、色彩缤纷、品种齐全、多样丰富的展品，吸引了全国各地专业艺术家和美术爱好者专程观摩。

往来倥偬间，我还抓紧撰写了评论《精神之炬——艺术难以承受之重》，提出要在文艺作品中投注更为鲜明的精神性、思想性，关注时代生活的观点等。此外，我还为沈鹏、吴冠中、袁运甫等一批著名老艺术家和当时尚还年轻的雕塑家吴为山举办了作品展，并且加大宣传力度，进一步扩大和提升了美术馆在普通民众中的影响和地位。我打开广场前的隔离墙，举办了国际时装和珠宝展，来自异域的现代时装和精美的工艺制作也在中国美术馆开了展出先例。是夜，在闪烁的灯光映照下，T台上轮番换装摇曳生姿的模特儿，以及明星的主持与到场的观众形成了欢乐激动的美妙场面，而孙家正部长的莅临致辞使那场时装发布晚会达到了最高潮。珠宝展中那巧夺天工的设计制作工艺，令各式迷妹和爱好者们流连忘返的情景历历在目，令人难忘。

还记得当年有件事，可能因我处理事情过于死板，不够灵活，而"开罪"了一位我敬重的老先生。事因是当时美术学院派员来馆联系操办老院长的画展，提出要求免场租，展后捐二件作品。当时美术

和中国美术馆的部门领导们在一起

和法国文化参赞在中国美术馆的"法国印象派绘画珍品展"

馆刚刚修订了展务和捐藏管理条例，交纳场租和捐赠奖励是两个不同先后的程序渠道，我勉为其难地再三表示请予理解配合，虽然后来得以按章解决了，但于今想来，如果当时我的工作做得再周到细致些，有许多问题和矛盾本来是很容易化解的。

在馆期间，为了邀请俄罗斯国家馆的艺术珍品来华展出，带着建立馆际交流合作的构想，在我国驻俄使馆的大力支持下，我和副馆长马书林、学术一部主任陈履生造访了俄罗斯，参访了艾尔米塔什博物馆和特列恰科夫画廊、列宾美术学院等馆院，拜谒了卫国战争英雄纪念碑等，签署了双方互换展览的协议。稍后，又率时任西安美术学院院长杨晓阳、文化部艺术司文学美术处处长安远远和上海、江苏、深圳关山月美术馆的几位负责人组成美术馆代表团考察访问了台湾，与台湾师范大学美术系的师生开展交流座谈，出席学术论坛活动，做《大陆美术现状与发展趋势》讲演，与黄光男、江明贤、何怀硕等专家教授餐叙恳谈，加深了海峡两岸业界同行间的相互了解、增进了彼此情感，还专程造访了台北美术馆、台北故宫博物院和张大千故居……

白天处理完馆内工作，晚上省却了在艺术司任上的看戏工作，

参观俄罗斯特列恰科夫画廊的藏品

与俄罗斯同行商谈交流项目

与台湾师范大学江明贤先生交流美术教育

和美术馆代表团造访台湾

可以由自己掌控创作、写作计划。我在居室兼工作室里创作的《香格里拉远眺》，取材于我曾经到过的云南迪庆神秘之地——香格里拉，香格里拉意为最为令人向往的理想仙境。在我看来，诗和远方的意涵是同一的，诗是投射在远方的美好情感，但我的作品表现的不是风光美景，而是人心中的那份想象的"远方"。那里物质条件有限，自然环境虽然优美但却恶劣，而生活在那片极地上纯朴虔诚的人，才是我所要表现的。画中我塑造了一群策马由缰而驻足山巅的藏族汉子，直面眺望前方。我赋予他们的表情是亢奋，就像人历尽艰辛，梦想得偿；是惊异，犹如看到了仙凡之境，感觉抵达了心中的远方。顶天立地的人与马用润笔大写意手法，以强悍的笔触挥写而成，姿态各异的人物群像与马的造型力图展现出力量感，人物的情态则因年龄差异而各不相同，每个人流露的表情则又与年龄直接关联，以线勾勒轮廓、以山水画技法皴出高原人特有的结构和肤色。我刻意将地平线降至最低，为的是衬托人物形象的高大魁伟。水墨为色，只渲染了人物头脸和手部，而浓重的朱砂色突出了坐骑的璎珞佩饰。此作品专为"第四届深圳国际水墨画双年展"而作。

作品《蹉跎岁月——邓小平肖像》则表现的是邓小平全身肖像。作品中的人物形象系我某次出差湖北，在东湖宾馆的走廊里偶然看到的一幅当年困于江西的伟人照片。和我见过的大多数邓小平的照片都不同，短袖着装的邓公与夫人卓琳的合影，打动我的是主人公凝重严肃、略带忧虑和沉思的表情。画作中我将改革开放的总设计师、人民的儿子邓小平置放在通幅空白的背景之中，身着日常最为普通的衬衣长裤布鞋，着力刻画主人公忧虑的神情，其与邓公双眉间略微上扬的形象特征相吻合，细心勾线，经意多遍渲染，力求传神，也是简约的水墨色调和淡赭的肤色。自以为是一件形神兼备的作品，并作为特邀参展作品参加了"第十届全国美术作品展览"，同行给了不错的评价。同时又有多篇论文和评论文章在报刊发表，又在年末的"北京论坛"宣读论文《经济全球化背景下的中国文化创新之路》，我的主要观点是想阐明中国经济融入世界的同时，文化如何走出继承传统精华、吸收外来优长的创新发展道路。

从20世纪80年代后期到新世纪初叶，当代艺术的创新实验在国内十分活跃，仅仅20年的时间，中国一大批有志于创新中国当代艺术的青年艺术家和各院校在校学生学习、研究、吸收、模仿西方现代艺术各流派主义一百多年历史的风格样式，几乎全都临摹演绎了一遍。彼时，摒弃传统艺术、消解现实主义艺术、漠视生活、鄙视崇高、与世界接轨等各种观念理论口号轮番登场表演。紧接而来的是，由于国内经济快速增长，艺术品市场随之日趋走热，艺术品销售收藏形成一波波热潮，这对当代美术的发展建设带来了很大影响。相当多的作品唯西方评论的观念是瞻，唯卖出市场最高价格的风尚品位是从，而美术创作中多年提倡的关注生活，反映新时代国人精神面貌变化的主题性绘画日渐萎缩，不受重视的状况令人忧心。我将盘桓在心

《蹉跎岁月——邓小平肖像》　136 cm×68 cm　2004

中多年的构想，即倡议组织中国百年重大历史题材美术创作的夙愿，作为建议向部领导提了出来。我的出发点：一是重振中国爱国主义艺术精神，将中国自鸦片战争沉沦屈辱到新中国崛起至神舟飞船上天的百年历史，诉诸图画；二是抓出一批主题性历史画力作，补充中国当代美术历史的短缺，培养一批新人。这个构想得到了宣传主管部门和文化部领导的大力支持。

历史画、历史主题绘画，就内容而言，是以真实的历史事件、人物作为主题内容的绘画；就形式而言，它首先是视觉艺术，通过造型艺术的形式来表达某一特定的历史主题。它不同于历史文献的直译，不是通史展览中用于说明某事件某主题的插图补白。因此它既是历史的，又是艺术的。自摄影术发明至今，其纪实和再现的功能虽然超越了绘画，但再高妙的摄影技术也不能代替历史画之于表现历史的独特优势，"留乎形容，式昭盛德之事；具其成败，以传既往之踪"。那些东西方精妙、肃穆、庄重、雄强的历史画艺术作品，赫赫置列于历史和时空的艺术长廊，既为人类文明瑰宝，又为各国形象的人文历史，令徜徉其间的后世观者，既为读史，又为欣赏艺术，其意义不言而喻。我邀请组织中国社科院历史研究所的专家经过几番论证，筛选结合历史史实和重大事件记载，提出了120个选题，并提供了全部选题的历史背景资料和释义。经文化部报中宣部批准，按创作项目方案的预算标准，由财政部立项拨付了一个亿，相当于当时国内修筑一公里高速公路的造价。创作项目正式启动，公开招标选拔海内外华人美术家，并由艺术专家委员会依据每位竞选者的专业成就和学术水准遴选作者，堪为有史以来规模最大的创作盛事由此揭开，一时间社会上、专业界议论纷纷。

第一轮创作草图评选集中在中国美术馆。我报名竞选的主题是

《武昌起义》创作草图　40 cm×50 cm　2004—2005

"武昌起义",为深入把握该主题的来龙去脉和意义,我二去武汉旧城遗址,在诸多的历史档案图书与文献中仔细查找资料,提交的草图画面表现的是:武昌圆拱形城门洞开,逆光中起义军迎面冲来,前景有与守城的清军搏战和推开城门、举枪射击的起义军人物组合;背景是冲天火光和飘扬的起义军旗帜。根据专家建议略作修改后即顺利通过。这张草图因精致、雄强,后来在纪念辛亥革命110周年时被选作单张邮票出版发行。由于李震坚先生班上的学生、中国美术学院老同学杜滋龄先生的草图未通过,而此次创作项目的缘起与我借阅了他的两大册中国历史图片直接有关,我真心希望他也能有作品入围,于是提出与他合作完成,这就有了后来由中国美术馆存藏的水墨版《武昌起义》。

2005年，我参与"第二届中国北京国际美术双年展"开幕式并致辞，强调国家文化自身特点的强化需求与世界多元文化的认同与尊重。还带团出访法国、英国、伊朗、奥地利等，商谈建立艺术交流事项。同年，中央组织部来通知，拟调我赴任中国文学艺术界联合会驻会副主席、党组成员、书记处书记，这又大出乎我的意料。而在此之前，一来我仅是听说，并不了解文联系何性质单位，二来费了半天劲来美术馆工作才一年多，离谱的是并未有人哪怕征求一下我本人愿意与否。我喜欢在美术馆工作，不光是这一年多经过努力建立起来的和谐的工作环境，还因为我认识到美术馆是优秀艺术作品集聚的最高殿堂，对外是国家文化窗口和形象代表；对内除了它是高地平台外，还是服务社会公众，提升公众美育和艺术审美水准的艺术长廊。我正是想把中国美术馆做好，但是这说来也奇怪，自来馆工作，那梅尼埃病就再未犯过。

我径自去找了老领导潘震宙，他笑着再三说这是好事。去见孙部长，孙部长除了祝贺，还说部里也舍不得我离开，是中央组织部从文化部选干部去充实文联领导班子，临了夸赞肯定了我这些年的工作，勉励我在新岗位发挥更大作用，后又说道："这些年光听到别人议论你，倒从未听你说别人，殊为难得……"后来我从人事司同事口中陆续知道：中国美术学院老单位的几位搭档当年反对我赴京任司长，说是会给母校小鞋穿；也有说另有人看重司长一职，考察时刻意夸大我的缺点不足云云；更离谱的还有某业内人员声称：该岗位职务系部内主要业务司局，未来发展前景可观，故引来心怀嫉妒的个别宵小不满，甚至谤言。人，呵人！官场职场同理，相互构陷内卷之事历来皆有且不足为奇，但真正加害于你的未必是你的上级或下级，来自同级间的无端攻讦可能更为致命。没有人指点我，没有人为我做岗前

我和中国文联书记处的同事们

在中国文联书记处任上工作

培训，我确实是从一个青涩专业教书匠、不谙官道的"画家"，一个只想着做些有意义事情的简单之人，被各种机缘颠簸左右着，磕磕绊绊地一路走来，这委实让我内心平添了几许悲凉。

中央组织部时任常务副部长沈跃跃约我谈话：冯远同志，组织上研究决定，委派你去中国文联承担工作，主要是贯彻落实中央关于繁荣文化艺术事业的要求，做好服务文艺家的工作，不是让你去当一个艺术家，你的责任是做好服务管理工作。一样的程序，在朝阳区安苑北里居民区的一幢六层办公楼的会议室里，照例宣读了任命，致欢迎辞，班子新同事表态。本人诚意感谢并表示决心后，办公厅主任罗杨把我领到为我准备的办公室。虽然比起司长、馆长办公室大了不少，但如同我当时的脑子一样空空如也，一切又要重新开始。那年秋天，静汶因多年血压偏高，频繁头痛，加之中央音乐学院成人教育和组织部工作强度大无法缓解，而女儿学习紧张，我又朝九晚五还时常出差，她疲于奔忙，就提前离退了。

时任文联党组书记李树文是位谦和沉稳的长者，工作耐心细致。交代了分工事项，我就进入日常状态。电话那头传来不少同行朋友的"祝贺"，特别是我多年信任的业界领导的话语更为亲切周到。分管国内、国际联络部和美协、曲协，我又重回机关的日常行政事务之中，到访拜会各个下属单位，贯彻落实党组议决事项要求，听汇报、看材料、开会商议紧急事务、签名批条子；关心支持部门工作、纾困解难；与各单位建立通畅的联系，放手协会工作……新同事覃志刚、甘英烈、李牧、杨志今、夏潮都是学养品行上乘的人中英才，个个能力水平都好，从他们身上可以学到许多专业人员没有的优点和作风。熟悉的人调侃我贵为部级干部，但冯远你得学着端呀！转年，树文先生到龄退任。中宣部新委派来了胡振民书记主事，他干练果决爽快，颇有梁山好汉脾性，好酒且好酒量。共事期间，他还给我增加了工作量，将办公厅划转我分管，还安了个"新闻发言人"名号。办公厅原本属于单位的中军帐，事无巨细，下属单位还多，事务琐碎，耗去了我较多的精力。最累人的财务这一块，要钱、要预算要增量、要房要车，就要攻关财政部、国家机关事务管理局……找关系、打交道、托门路是我最不擅长的短板，但许多事情由不得人缩头，常常硬着头皮扛。多位其他部委的领导笑话老胡：你看把个大艺术家蹂躏成什么样了？老胡并不为意，说这是最能产生效益的分工。文联的办公楼条件差，中央领导关心、尊重老文艺家们的呼声和心愿，同意拨付资金选购土地建造"中国文艺家之家"新楼，这对文联事业的发展意义重大。但工作量巨大，找地块看地皮、谈判协商、选楼议价、做预算、跑财政和发改委，环节众多、寻求审批部门众多、盖章多多，通过书画联谊、动员文联各部门广开渠道，争取中央各职能部门的理解支持……历时四年许，项目终告落成。这才有了后来北沙滩一号院中国文联的机关和各协会办公活动场所，而过程中大家花费的精力实难计数和想象。

　　生活还在继续，工作虽然忙乱，出差还多，但我仍未曾放下画笔，仍挤时间创作。《雪山祥云》表现的是一群藏族老人和儿童站立在高地上，其中两位老人抬手遮阳遥望天际的彩云，遥想着人生的远方。作品以塑造群像为主，将饱经风霜的老人形象和孩子生动的童颜通过不同个性特征的细微刻画表现喜悦舒心一刻的神情。横式展开的画面《高原秋色图》则描绘的是一群有说有笑的藏族姑娘，随着驮满金色青稞的牦牛收工回家的生动场面。《诗贤四屏》则以竖式条屏的构成方式，以诗佛王维、诗圣杜甫、诗仙李白、诗魔白居易四位唐代先贤人物造型，将他们分别置于"独坐幽篁里""城春草木深""与尔同销万古愁""浔阳江头夜送客"的不同情境中,将人物与诗词意境融为一体,又节选四位诗人的精彩诗句为题跋书写其上,追求人、境、情、诗、书、画、印联璧的艺术形式。

创作于稍后的一组作品,主题皆与农村农民有关。《远山——拉哈屯的父老乡亲》以五幅肖像特写组成,这是我多年创作实践中较为用心的一组作品。素材来自我当年在黑龙江下乡时,借用他人照相机拍摄的黑白照片,胶片虽小,但却记录了朝鲜族大娘、老瓜头、金凤嫂、老疙瘩、张大吹几个乡亲的生动形象。作品中我将原型放大至1米见方,又作了局部细节的调整改进,但保持了人物的主要形象特征,创作时是以单纯的水墨写意技法,蕴蓄了饱满的情绪后,一气呵成完成的。今天来看,虽然用笔多少显得荒率,但人物神态仍呼之欲出。更为重要的是,在我心里,它们是一组纪念碑式的作品,再现的是我知青时代的记忆,仍然如此鲜明、经久难忘。取名《远山——拉哈屯的父老乡亲》,则是当年我离开时对他们承诺的兑现。《乡童》又名《明日之子》,取材于分管文联扶贫工作的我率领画家去往对口地区甘肃陇南武都送物、送春联的多次经历,每次都带着儿童学习用具、办公电脑和部分扶贫款走访贫困户,每次返京,心里总要几天才能平复。我看到的是贫困,看到的是当时日渐扩大的城乡差距,而这种人生而不平等的状态唯有依靠政府,通过政策支持和教育传递去改变当地贫困的代际延续。每次我捐资捐款,分光了随身所带的钱,也无法改变孩子们渴盼的眼神。十多年过去,昔日的穷酸贫困被逐步改变,我再去贵州、四川、青海、宁夏,在乡村能够看到最好的房子就是学校。我是以欣慰的心情设计表现了一群下课的孩子们雀跃般地冲出教室,一路嬉笑奔跑着,在他们身上能够看到建设新生活的年少朝气和活力。我在塑造了10多位红领巾少年儿童的姿态造型后,背景

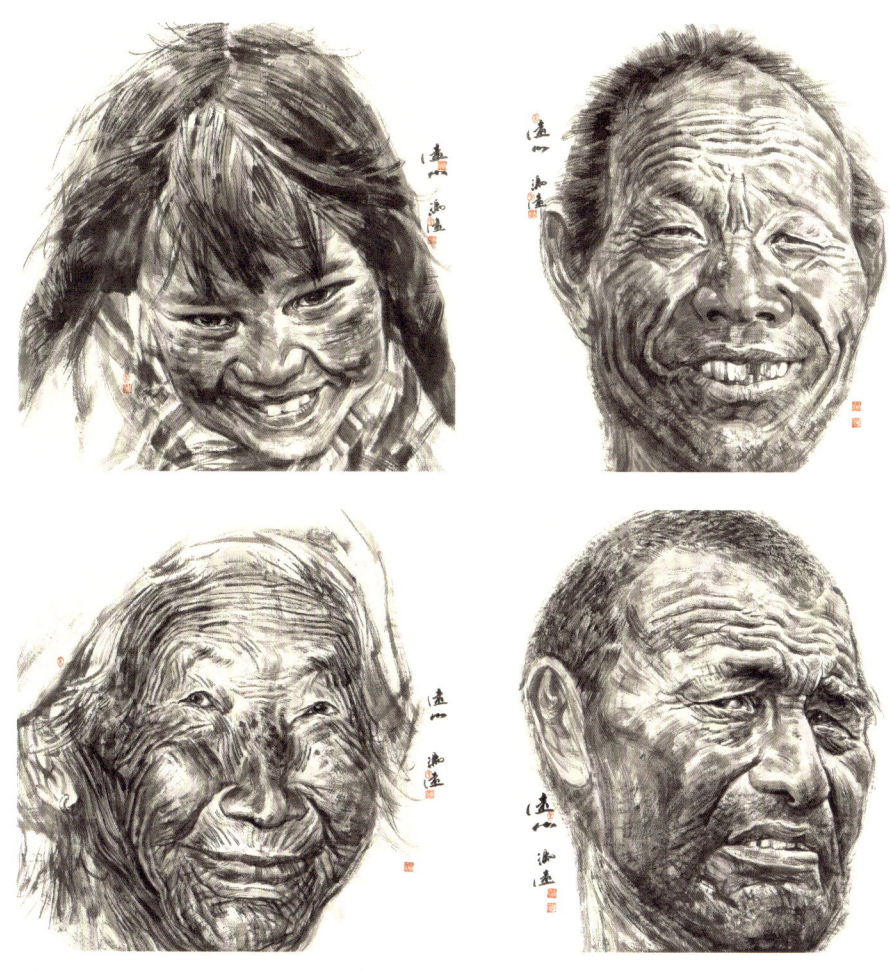

《远山——拉哈屯的父老乡亲》（部分）　100 cm×100 cm×4　2006

处理并未表现教室的现实场景，而是构思成一块巨大的黑板墙，用墨色涂满，用油画棒那绝似粉笔的效果，用儿童画的手法将孩子们心目中对未来的各种畅想和愿望尽情地涂写在黑板墙上，以此象征这些孩子长大成人时的中国、中国农村的新面貌。本想用一个更为诗意些的名字——《明日之子》，但静汶反对煽情，认为作品中想表达的已充分了，名字越朴实越好，我欣然采纳，并且以中国画题跋的方式，在边款中记述了这件作品的由来和我对孩子们寄予的美好祝愿。

2007年，为响应北京即将举办第29届夏季奥林匹克运动会，传递"同一个世界"的主题口号，我和国际联络部策划，以国务院新闻办和中国文联共同主办的同名主题美术创作活动启动。活动邀请了当代中国200余位优秀画家，以联合国192个会员国家的标志性文化象征物，如建筑、风光、民俗风情等为内容，展开以描绘世界的自然之美、人文之美，记录世界多样灿烂文化的创作。老中青几代中国艺术家以写意、写实、工笔、重彩等形式多样、风格迥异的手法，用倾心之作向世界各国人民奉献了一份具有鲜明中国文化特色的礼物。绘画作为无声的语言，传达了来自中国的友好意愿和对各国文化的尊重与喜爱。200多幅作品先后在纽约联合国大厦配楼、瑞士联合国万国宫和墨西哥联合国机构展出，赢得了众多外国友人的赞赏。此外，我们还商议策划推出了与港澳台地区文化艺术机构共同举办的文化艺术论坛，采取轮流主持的办法，先后在北京、香港、澳门、台北举办。这些活动为增进四地间的文化艺术交流，弘扬中华文化精神起到了人心同向的积极作用。我还通过好友王勇、杨寒英夫妇牵线，募集到来自日本友人深见东州的捐赠资金，在文联设立了"造型表演艺术成就奖"。该奖连续评颁了多届，通过各协会推荐提名，授予数十位戏剧、音乐、美术、舞蹈的资深老艺术家以荣誉，奖金虽然不多，但荣

女儿从北京大学艺术学院毕业、幸福的时光

送女儿出国留学、温馨的日子

誉珍贵，不少垂暮老人感动得落泪。

5月，上海大哥来电，说父亲故去了。年迈的父亲终于走完了中年以后的四十年孤寂人生，虽然五个子女都算孝顺，且各有出息未曾辱没门风，但想来生命中有些岁月毕竟只能由自己去体会和度过。他的去世多少在我意料之中，我赶到上海，父亲已去了殡仪馆，掀开父亲的床被垫褥，看见一片红色的百元人民币，悲从中来。"子欲养而亲不待"，不孝之子每回来去匆匆，每次离家父亲执意送我下楼，挥手之间还不忘叮嘱一句"远远不要耽误工作"时，我那自责之心便难以自持。父亲的丧事办得简单庄重，我和兄弟小妹在福寿园买了墓地，三弟烧制了父母的遗像，特地选了块好石料，撰刻了墓碑祭文，一对苦命先考先妣、患难夫妻相隔四十寒暑始得团聚，终能共寝一穴，惟愿父母在天之灵瞑目。

也是这一年，女儿从北京大学艺术学院毕业，典礼那天，恰逢著名书画家范曾先生在故宫举办作品捐赠展。下午3时，我在故宫代表文联致辞表示祝贺。那边静汶和女儿焦急的电话一个接一个，待得

那年一家同游欧洲，朝拜艺术

故宫仪式结束赶去北京大学典礼现场，环节早已结束，女儿大哭并从此系上了心结，成了我凡提必被埋怨的"罪状"。10月，女儿被美国纽约大学录取攻读研究生。我为她选择报考了博物馆专业的志愿，是出于彼时国内各地的文化硬件设施不断获得改善，中国的博物馆、美术馆事业正逢发展前景可观时期，我希望她日后学成归国可以为此效力。

这期间，我陪同领导赴美考察音乐歌舞剧《剧院魅影》、大都会艺术博物馆，访问亚洲基金会、旧金山艺术学院，举办画展并与对方同行交流水墨画艺术等。

2008年，我参与"第三届中国北京国际美术双年展"活动，发表讲演《中国美术的当下发展态势和价值取向》；又利用休息日为新建的驻美大使馆创作了用于客厅布置的《中国文化科技名人图》，三截式地表现了"孔子演教图""孙武演兵图""张衡制器图"，以展现中华文明对世界的贡献；受聘担任清华大学美术学院名誉院长，利用工余时间为中国艺术研究院培养博士、为中国国家画院开办各地画院院长创作研修班等等，并辅导论文写作、指导创作实践；还荣幸地成为第十一届全国政协委员。

2009年1月，正在云南参加扶贫慰问活动的我意外接到北京文化部系统和上海、浙江朋友转来的信息，是有人在广为散布编造的信息，内容大意为：冯远授意美协某人积极组织与商界的笔会，自己分钱之外还亲自安排分钱给领导，又有人一直靠冯远的资金买官卖官……冯远指使专业刊物收取版面费……冯远出卖资料给美国情报局与日本的"明处"赚取活动经费……冯远把美协秘书长位子给卖了……真是凭空捏造、信口雌黄。从政这多年来，我从未组织过一次与企业的所谓笔会，从未收取过任何一次活动的劳务费、润笔费，有人经常如此捞钱却还调侃冯远有钱……短信从2008年10月就铺天盖地地群发，而彼时正是中国美术家协会换届的敏感时期。我不信邪，就让文联办公厅出具介绍信向北京主管部门报了案，请求查找作案人。后来我向我的领导报告，又通过好心人牵线找到上级部委，得知短信确系有人故意而为。但十多年过去，至今也没有结果，整件事就此成了一桩悬案。

槐月之际，文化部主持的"国家重大历史题材美术创作工程"120件作品全部完成，在中国美术馆向公众展示，其中有不少优秀作品彰显了强烈的艺术感染力，虽然并不是件件质量上乘，但从此

《逐日图》　157 cm×562 cm　2008

中国近现代历史在美术作品中有了系统完整的呈现，社会各界的反映积极正面。作品全部入藏中国美术馆。来自财政部门的反馈更是：这一个多亿花得值。同年，我为新建的我国驻西班牙使馆创作了《傣家风情图》。

作品《逐日图》和《我们》是我此一时期的主要创作。每年业界都有不少全国性主题和专业学术类展览的邀约活动需要新作，就我个人而言，每年也要求自己能留几件有分量的作品以资积累。《逐日图》的素材仍来自我多次赴藏公务和与同行一起写生带回的第一手习作，加上我参加甘肃夏河晒佛节和藏族节庆赛马活动的所见所感以及照片资料。表现赛马的作品题材存世不少，很多画家都有过涉猎，摄影图片则俯拾皆是。我综合了速写写生和影像素材，是想表现藏族人

民彪悍的性格和热烈的场景氛围，那种人人争先、策马狂奔的竞技场面可令所有在场者群情鼎沸。但要在凝固于瞬间的绘画作品中把控好藏族人民形神各异的姿态和激昂的面部表情，既是最能打动人心的画面核心所在，也是对艺术家造型表现能力的考验。经过反复斟酌修改构图和人物造型，我在横式展开的画面中成功营造了热烈活泼的视觉气氛，在人物形象刻画方面注意拉开了不同年龄之间的差别。同时我在处理马的技法上，有意识地采取虚实相映的手法，即实写马头和马的表情，虚写马的四肢和疾速变化的众多马蹄以及腾起的烟雾，以大写意的笔法在挥洒中完成水墨部分，再用鲜艳浓厚的颜色和基本色调加以随类赋彩，背景是蓝天和迎风飘扬的舒展飘逸的彩色哈达，色墨浓艳的人物与马匹相映成趣，达到了我预设的效果。通常此类作品多

《我们》 200 cm×380 cm 2009

以"草原盛会""幸福之路"之类冠名,我为之取名《逐日图》,意谓追赶太阳。我的体会:精妙的点题会使作品的内涵获得升华。

《我们》的构思则得之于在电脑上看到的农民工诗人写的诗作,作为21世纪初中国城市建设主力军的农民工,同样有着毫不逊色于城市人甚至专业人士那样丰富的情感和文化水平。而代表了一个城市过客,永远在黑白两色中挥洒汗水的《我是一个农民工》和告别家乡父老儿女踏上打工之路的《挥挥手》是最为打动我心、与我八年农民人生经历共振的触发点。我综合了各种城市农民工人物形象,设计了一个工地的6人班组,他们可能来自五湖四海,也可能互为同乡亲戚。6个顶天立地的汉子撑起了城市现代化进程的梁柱;6个不同性格、不同文化程度的工友,在我笔下成为不避艰险劳累、沉着坦然的当代中国人形象。现实主义艺术精神，在我的认识中属于形而上的"道"层面的指导思想，它要求作者关注人，关注人的生存状态，关注人的现实存在价值。作为艺术，它也不同于形而下的"器"与"术"层面的具体方法、形式。而恰恰是现实主义艺术思想与精神的丰富性、包容性，决定了它不仅限于写实主义、古典主义、具象主义，而应具有更多样的手法。《我们》是以中国式写意的技法，将中国艺术中似与非似偏于似的造型、笔墨和经典简约的黑、红、白三色组合为最能震撼人心、色彩最强烈醒目的表达方式，应和了我用穿着赭红色工装的农民工群像在单纯中寄寓的丰富意蕴，而空白的背景可以理解为各种工地、施工现场。同时以两首诗文作为作品的款识内容，我自认为更有益于观众在识读作品的同时，加深对主题意义的理解。

庚寅之年，文联新书记赵实到任，她是位热心爽朗、语言表达能力和行动力都很强的班长。在和她愉快共事期间，我带领着国际联络部的黄文娟、董占顺等同志还策划组织了"今日中国"艺术周活动，目的是以各种艺术形式如中国戏曲、音乐舞蹈、美术摄影等组合成短小精彩的片断演出，加上艺术论坛，开展走出去对外交流，平均每年或每两年去一个国家，与对口国相关机构共同举办。这种淡化意识形态、强化民间文化交往的做法，受到了国际友人的欢迎和支持。几次活动举办下来收到了很好的效果，交了朋友，增进了往来，文艺家们也很高兴，纷纷报名参加。

中国文联对外是人民团体的名分，对内则相当于一个部委级机构。国家每年拨付相应的运营经费，但去除人员工资和日常运转开销，真正能够用于开展活动的经费仍然有限，所以我向上要钱的压力始终很大。为了改变长期被动局面，党组在每年一度的"百花迎春"

晚会的筹资做法中，想到以建立艺术基金会的方式，筹集社会资金捐助，再争取财政一比一资助拨付的办法增加资金来源渠道。经过反复陈情申请和多方运作努力，终获批准成立，我还兼任了第一届常务副理事长。为了动员一位社会知名度高的艺术家出任秘书长，操盘基金会实际运作，我说动了刚届退龄的著名相声表演艺术家姜昆和机关服务中心正派能干的郭希敏女士走马上任，如此祭出了中国文学艺术基金会的牌子，才有了后来生动活泼的局面。我和静汶还捐资200万元，用于资助贵州、宁夏、青海的贫困学艺儿童。

此时期，我在总结"国家重大历史题材美术创作工程"作品得失的基础上，撰文谈《历史画与历史题材创作》；创作了以表现老子、孔子、孟子、庄子、孙子、韩非子等系列人物形象的"诸子图"；高研班学生的结业展"水墨形相"在中国艺术研究院展出。那些年每逢外出公差，我手边必备经典诵读袖珍本和《中华读书报》，四书五经、二十四史、诸子百家、历代文论充溢着中华文明智慧和遣词造句精妙华美的篇章，每每令我难以释手。"诸子图"系列就是在不断重温这些经典的过程中形成构思，付诸笔墨塑形的。肖像刻画之外，人物姿态造型则是依据我对几位先贤论著和文献中的描述想象设计而来，作品也是以文人画大写意的笔法挥写而成。同时我将8位先贤的核心理论观点以及各自履历以大字和行草、小楷抄录在其头像上方，全画面既简洁空灵又别致充实，作品一经展出，竟引来众多求购者，均遭我婉拒。

从事专业和行政管理是两门完全不同的学问，其间的矛盾多于契合，这常常置我于必有所弃舍、难以两全的境地，我所能做的，只能是在不影响主业的情况下，兼顾个人的专业。我坚持高效率工作，努力做到当天事务当天了结，不压件不拖件，同时支持部门放手工作,不搞帮派团伙,满足下属管理诉求,所以工作推进还算顺利。我在付出的同时,也收获了一般专业艺术工作者难以得到的历练机会:一是判断事物的起点、站位的能力提高了;二是养成读书学习的习惯,视野和阅历知识丰富了;三是接触各种专业的机会多了,对提高自身的综合素养和专业学养也带来好处,这是在我后来的一系列创作中陆续得到反映了的。

2012年,我将到龄离岗,我为此提前做好规划。2011年,是我工作以外创作收获较为丰硕,也是最为繁忙紧张的一年,《望夫妹》《母子图》《金陵十二钗》《新疆风情写生》《今生来世》均是这段时期先后创作完成的重点作品。《望夫妹》得之于当年率中国美术家协会部分画家前往江西资助希望小学并赴老区写生的感受与启发,记得当地宣传部门特意为写生团安排了为几位老红军和红军家属后裔画肖像的活动。写生中我与一位军属儿子边画边攀谈聊天,他说起前几日邻村刚去世了一位婆婆么妹,是早年红军的遗孀,丈夫二伢子结婚第三天就随部队开拔了,就再未有音讯。80多年过去,么妹的遗腹子长大,又有了儿子,还添了孙儿孙女,家里条件好了,盖了新房,养猪养鸡吃穿不愁了,村里还给老人发放遗属补助金。但晚年的么妹,天天傍晚挂着杖倚门等着二伢子回来,嘴里成天絮叨着,临咽气前还说:二伢子说好要回来的……老人走了,可能她就是最后一位未亡人。我听了怦然心动,喉咙发紧,我没有能见到这位老人,但我要为她画一幅像。返京后,我着手精心构思了一位垂暮老人穿着老式的黑色布褂、双手挂杖,抱着企盼神情,布满皱纹的正面形象,且在我脑际久久不去。我是凭想象塑造了一位名叫么妹的了不起的人妻、母亲的形象。背后是新房的黑瓦粉墙,门神、福字成双,但这对于老人都不能成为其活着的精神支柱,但她又分明靠着精神熬过了土地革命

《今生来世》 219 cm×499 cm 2011

战争、抗日战争、解放战争和新中国成立以来的几十年。我将这段故事以楷书小字恭敬地书写在门楣之上，纪念这位虽未谋面，但是有着坚强灵魂的中国女人。作品参加了多个展览，据说感动了不少人，作为画家，我觉得没有什么比这个更有意义的了。

　　《今生来世》的创作，则是我有意识地想通过多人物群像组合和色彩的大量使用，尝试突破解决水墨写意画与传统人物画的结构局限和笔墨在驾驭大场面绘画中的适用性。我有选择地整合了大量赴藏写生和拍摄的图片素材，设计了三个层次的藏族同胞人物组合，场景设置在雪域高原上、喇嘛塔前、彩色经幡迎风招展的一片开阔地上。四方前来的男女老幼在做着祭祀礼仪的准备和等待，一群少女与朝拜的信徒向着远方眺望和礼拜。前景人物以席地而坐的老人为主；第二层次是家庭群落式的各种不同人物的自然情态和静穆的氛围，等待时辰的到临；第三层次的人物矗立在坡上向右前方凝望，背景是湛蓝的天际，对比映衬着巨大的"山"字形雪峰和错落的人群。整幅画面，

新疆写生　100 cm×200 cm×3　2010

我运用近重、中深、远淡三个层次的色阶以笔墨勾点皴染，又用鲜艳的颜色填充藏族服饰和花纹图案，还以厚重沉着的暖赤青色渲染不同人物的肤色，再以整片重墨近乎平涂地染出前坡，让大片的黑土地、蓝天、雪山的色块衬托丰富的人群，力图形成最为光亮强烈的视觉效应。作品原名为《前世今生》，意思是以农奴翻身前后作比较，但转念想西藏前世贫穷、今世富裕，富裕的新西藏还会有更高层次的精神追求和祈愿，所以更名为《今生来世》，意谓向往更为美好的明天。

这一时期，我帮助清华大学美术学院共同策划的"首届北京国际设计三年展"，通过努力获得文化部、教育部、北京市批准，在国家博物馆隆重举办；秋天率团访问了印度、尼泊尔，还特地去佛祖释迦牟尼的出生地蓝毗尼朝圣参观。

更有意义的是，经过不懈努力和申请，我在"国家重大历史题材美术创作工程"基础上，策划推出的由中国文联、文化部和财政部共同主办的"中华文明历史题材美术创作工程"项目获准启动。而在此之前，我曾多次试图游说财政部当年给予"百年工程"支持的负责同志，继续支持"上下五千年"工程，我不光陈情两个工程对国家文化建设的补课意义，也表示了即将离任，希望能有年轻人接续事业的愿望。因为有了前一工程的成功先例，财政部同意先行拨付300万元，支持并要求我做好前期基础工作。一个艺术家，予不才，赶上国家的政治昌明、经济发展、文化繁荣的大好机遇，有可能推助由国家支持、集千众之力，实现图写中华五千年文明历史的史诗创作工程，还有比这个更具价值的个人人生意义吗？没有从中央到各个部门领导的支持，没有众多艺术家和幕后工作人员的倾力投入，没有政府的资金保障，如此不惟中国历史上未有的、世界文化史上也堪称前无先例的、如此体量规模的创作活动是难以想象的。其与2009年完成的

"国家重大历史题材美术创作工程"连缀一体为姊妹篇，将成为一个快速发展中的文明古国、文化大国、14亿人民民族精神意志和国家文化形象的精神图谱。

2011年11月，第九次全国文代会在京胜利召开。2012年5月，我卸任中国文联党组成员、书记处书记一职，转为兼职副主席。由此，我转入了下一个人生阶段。

第六章 伊梦逐光

人生如登临，不同年龄看到的是不同的风景。荣枯轮替，阴晴冷暖，非亲历无以体会，且永无尽意。

——题记

2012年仲春某日，上午宣布了接替人选，下午下班，我就交还了提前清空的办公室和钥匙。

4月春禊，我的画展"笔墨尘缘——冯远中国画作品展"在中国美术馆开幕，1、2、3号厅加环厅展出了我的150件作品。开幕式来了许多领导、同事和同行朋友，此前我零星参展的多为政府、协会举办的主题性画展，同事们深感意外的是我积累了这么多的作品。展览得到了各方的鼓励和肯定，这多少令我欣慰。同时前后出版的画集更为系统地介绍了我前之四十年各个时期不同风格样式的作品。5月，展览移至上海展出，作为一次向家乡亲朋好友的汇报，一时间热闹异常。虽然那些年岗位更易、工作繁杂，但我没有放弃专业理想，没有辜负当年对东北乡亲和兄嫂的承诺。

星移斗转，赴京工作已历十数年。反省往日来路，从耽于幻想的懵懂学子到自食其力、迷好绘事的务农知青；幸得改革开放之机遇

感谢各位领导、同行、朋友参观我的第一个画展

陪同老领导们观看作品

众师友垂顾提携，始得入学堂习艺探其秘奥；又蒙师长耳提面命，教诲指点，术业每有长进；再得领导栽培荐举，先后司职文化行政管理，服务事业发展和艺术创新；虽恪尽职守、勉力事功，未敢懈怠而常多事倍效半，心有余而力所不逮。然则有机会得识古今文物之瑰宝，得观当代文化之百艺千相，得沐中华传统文化之精华濡染，得益诸硕学鸿儒之德范影响，眼界既宽，学养渐长。行政历练，令我学会包容，不偏执于一隅；为人行事，力求缜密周全；侍奉艺术，使我学会以一种人文精神关注社会，从关爱弱者的角度、态度、尺度思考问题。尽责履职，躬耕丹青，两者虽时有抵牾，然则收益大于付出。

接下来，我可以从容地规划人生最后二十年的光阴了。因为有专业，且还有诸多的义务兼职工作，所以并无退离失重之感，我想在我体力、精力允许的情况下再创作几幅有意思的作品，将构思中的"致新世纪"系列创作提上日程，留下一些有价值的文字，同时还能陪静汶走走看看。我深知一个人、一个艺术家成长成才的不易，除了自身的努力，众人的帮扶和机遇何其重要。文人、艺术家难免自恋，但文人、艺术家还是要相亲，而非相轻相残，帮助援手他人何尝不是在成全自身。我未必能做到当年如范仲淹"居庙堂之高则忧其民，处江湖之远则忧其君"那样，但我却时时以左宗棠"发上等愿，结中等缘，享下等福；择高处立，寻平处住，向宽处行"的联句为座右铭，以无为之心践有为之行，以不世之心修传世之作，以出世之心敬入世之事，而非悠游方外，袖手世事。

原本想着"中华文明历史题材美术创作工程"业已立项，我的使命已告完成，由年轻同志接续过去，我当个专家委员帮着出出主意就好。哪知书记坚决不同意，还再三要求我：一是工程要善始善终；二是要花好专项资金，不出问题……如此，创作工程就在我和吴长江、刘建，包括后来的徐里、王仞山、韩淑英和两位年轻人赵昆、张杭的协作努力推进下，进入了实质性的操作实施。如同"国家重大历史题材美术创作工程"，我们也委请了中国社科院历史研究所的专家，以中华历史的脉络为基础，初选出对推动中华文明发展进步具有重要影响的历史事件、人物和文明成果，内容涉及政治、经济、文化、教育、科技、军事等各领域，又从200多个选题中，经反复讨论比较，确定150个重要题目列入创作工程方案，上报主管部门审批。中央有关领导同志为此专门做了重要批示："要艺术地再现中华文明历史，把美术创作工程打造成为中华文明的传播工程；要动员全国第一流的美术家积极参与，把美术创作工程打造成中国美术的精品工程、国家级的重大文化示范工程。"比起表现近现代历史的"国家重大历史题材美术创作工程"，此次艺术家将面对更为久远的历史，他们需要去发掘与占有尽可能丰富的文献典籍资料和相关的形象素材，读懂并理解官修正史和民间野史的相关文字记载，研究彼时的社会文化背景、乡肆俚俗，查考各式人物传记，搜集尽可能丰富的历史图片资料，潜心酝酿、创造能够体现历史氛围及人物活动的意象。艺术家并非画匠，用图画为历史造像立碑，同为"治史"之道，亦谓艺术之"大道"。作者需要博观约取地对素材进行比较、筛选、归纳、提纯，力求活用资料、用活素材，通过艺术的手法重组、升华素材，在符合历史真实资料的基础上概括、假设、营造，凝缩为最具主题效应、最能揭示主题思想的典型情节或打动人心的细节，并循此展开画面的构图设计、造型组合、色彩构成、人物塑造等等。

暑假前，我的第一个中国艺术研究院博士生范治斌通过论文答辩，小伙子聪颖也勤奋，希望他能够有好的发展。同年招收了清华大学美术学院博士生王巍和同一届中国艺术研究院的博士生赵晨。

感谢多年的同道朋友、北京画院院长、著名画家、时任国务院参事室副主任的王明明,在一次偶然工作中结识了国务院领导马凯先生并予以引荐。因了领导深厚的文化学养和对文化工作的重视与支持,我被动员去中央文史研究馆帮助协理日常事务。始建于新中国成立之初的中央文史研究馆,是由毛泽东主席和周恩来总理等老一辈革命家提议创建的,系为解决当年生活无着的老年知识分子和社会贤达人士的问题的纾困机构。入聘的馆员均须有学问,"德、才、望"兼具,"文、老、贫"如是,这项举措得到了当时文化学术界的衷心拥戴和赞同。时移势易,现一茬茬饱学之士、文史哲大家在这里得享殊荣,我也有幸成为其中一员,继续效力国家文化事业、服务广大专家学者,胸臆洞开,器识日进,与有荣焉。9月,时任国务院总理温家宝先生将聘书隆重颁授予我,我也因此履新副馆长一职。

国务院参事室和中央文史研究馆两块牌子、合署办公。时任国务院参事室党组书记、主任陈进玉希望我改变文史馆多年少有声息的社会形象,同时急于改善《中华书画家》杂志的经营情况,要求我尽快策划组织一些有意义的学术活动,参与社会文化建设。我在尽快了解了文史馆历史沿革和功能职责以及室馆内部状况后,构思建议推出一年一度的"中华文化四海行"和"文史翰墨——中华诗书画展"活动。前者是与地方省区市政府共同举办,组织邀请馆内外专家学者讲学,文史资政、建言国是,加上学术交流和小型传统艺术联谊;后者则为全国各地文史馆系统两千余位书画家搭建一个创作、交流、展示作品的平台。而在改组杂志社班子,强化编辑队伍建设方面,则报经批准向社会公开招聘贤才,接掌杂志运营。涉及人的问题,总会磕磕绊绊,但总算逐渐平顺。文史馆特约研究员、著名理论家王镛、张公者等人殚精竭虑,勉力而为,虽然杂志社全靠自收自支辛苦维持,但后来发展得不错，杂志颇受上下左右的欢迎。

从此不用坐班，再也不必在规定的时间、在规定的地点做规定的事情，使我身心俱适，诚所谓无官一身轻是也。有了更多自由的时间可资支配，且精力尚好，我就一方面着手收集"致新世纪"系列创作的素材，一方面陆续完成了水墨重彩画《草原小骑手》、水墨写意画《古诗画意图卷》和线描手卷《十八尊者造像图卷》。读书以补艺，写字作画以养气，体悟人生、修身为人、丹青翰墨写人、体现人格精神、体味一种东方情致，在我则是甲子之年最好的修为日课。我逐渐淡化人境嘈杂，营造起内心纯净平和的氛围，保持理想中的一方净土。摒绝虚妄，不谋技显；非刻意追求，又非漫不经心；而以从容丰浑的笔墨、色彩、语言，将我对中国艺术精神和文化意境的品味、把握诉诸毫端绢素，捕捉那充盈于思想的、文化的、历史的，寓形体于表象内的精神气度和神韵气息。同时还梳理、整饬40余年写作的各类论文评述、讲演访谈的文字，应邀由文化艺术出版社编辑成书。责编齐大任是位热心、周到、细致的女士，凭借多年来的编书经验，为我将文字按照美术文论、评论、序言、杂论、创作漫谈等做了分类，整合了80余万字。这些文字分别代表了我每个阶段和在每个工作岗位的创作实践、研究思考的观念变化过程和收获小结。书名取《东窗笔录》，系指我在夜阑人静之时，于东向的工作室案几之前，于读书作画之余，留下的关于艺术思想的成形轨迹和拉杂感悟。说不上洞见深刻，但却力求真实而不空泛。

癸巳4月，三卷本《东窗笔录》面世，我分别呈赠各位师友、同事、同好批评赐教。同月，我的画展"笔墨尘缘——冯远中国画作品展"回杭州浙江美术馆展出，邀请了不少当年曾共事的老领导、老同事小聚，还开了个小型餐叙会，师友们说了不少客气话。4月下旬，

《水墨古诗画意1》 68 cm×45 cm 2021

《水墨古诗画意2》 68 cm×45 cm 2021

在"中华文明历史题材美术创作工程"的专家评审会上

这个展览受时任江苏省美术馆馆长、著名女书家、后来的中国书法家协会主席孙晓云的邀请去了南京。江苏的画友高云、周京新等一众青年才俊正值意气风发当打之年，那种对艺术理想的执着和做事情的热情令我感佩。艺术家多半属于感性自我之人，倘若不注意读书学习或少读书，任由才情使转，常常会绕在一己案牍的笔墨情趣中而孤芳自赏、过高自视，从而忽视周边世界的变化和个人小乘作品与家国世界大乘作品的差异，甚而斤斤于浮泛炫技、名利得失或执迷于市场卖价贵贱。

溽暑素秋之际，"中华文明历史题材美术创作工程"办公室收到了千余幅各地申报的草图。经过专家委员会两轮评审和意见交锋，我们采取票选的方式，投票选出了165件入围作品，其中有多件作品内容重要，但因作者的构思和能力有限未能通过，只能另选作者接替。我的作品《屈原与楚辞》顺利入围，但专家们也给了我不少很好的建议和指导意见。嗣后，我们为全部入选的草图专门举办了公示展，出版了图录，为的是更广泛地听取社会各界的意见，努力做到不留遗憾。令人感动的是，很多作者在接到草图入围的通知和组委会的正式签约证书后纷纷表示："一定要拿出不负历史和时代、能够代表个人最好水平的作品，为国家和民族的史诗创作奉献自己的智慧与才华。"工程各项工作的进展顺利，得益于王刃山、韩淑英分别主内主外，赵昆、张杭等人的默契配合和对工作节奏把控得宜。在此期间，我先后领着中央文史研究馆文史业务司的同志赴贵州、抵重庆举办"中华文化四海行"活动，专家们结合治国理政实际的精彩讲座，与当地专家学者的深入交流，以及名家名角的传统经典艺术展览、演出，受到了当地的热情欢迎和好评。

抽空我又领着静汶和女儿重温了天水麦积山石窟群雕刻、敦煌壁画彩塑和新疆阿克苏的克孜尔千佛洞的石窟艺术，特地看望了时任敦煌研究院院长、研究馆员樊锦诗，参观了她主持下的数字敦煌录制工作现场……返京后，应中国艺术节美术大展邀请，创作了反映蒙古族生活新面貌的水墨画《天边》。作品中描绘了一位倚栏托腮遐思的蒙古族少女形象，她青春的面容姣好，有着草原女子质朴淳美的自然表情，而无城市时尚女子的娇媚之气。那种放空神游的青春神态，似乎在遥想着幸福美好的未来。背景是漫坡的草原和长云，远处一群群马匹自由聚散组合，一派安详和谐的天地人马共生的图景。创作组画"四季婴戏图"的构想源自我有感于当下城市儿童被各种学龄教育和课业压力所困，失去了快乐的童年时光。我早年每到假期去无锡姑家、奔牛舅家度过的孩童岁月，身着民国晚期袍褂、围裙的外公外婆，夏季留着前额短发、梳着冲天小辫、长发在头顶挽个髻的叔伯兄弟、姨表姐妹，乡土气息浓郁的晨炊暮霭、萤火虫、菜油灯，等等，均似历历在目。那是何等样的童稚乐趣。社会进步了，城市乡村

麦积山石窟专业考察

也在不断发生着变化，传统在悄然失落蜕变。作品由12幅组成，我按着四季主要节气，从"爆竹新岁""元宵舞灯"一路画去，经"春早放筝""立夏称婴""端午驱邪""盛暑放灯""秋拾归仓""戏蛐秋声""中秋食饼""腊八喝粥"一直画到"敬灶送灶""除夕祈福"，意欲充分表现童心观世界、天真无邪、无忧无虑的理想生活，表示对逝去的传统文化的念想与礼敬。

创作需要深入生活，我以平和的心态、平视的眼光、平等的身份沉潜其中，以保持现实主义艺术创作有源源不断的活水滋养。一方面继续研读现代绘画的各种理论著作，在语言、形式、观念、方法上寻求突破；另一方面，出于对文史的爱好，还时不时翻阅浏览中国古典文学作品，温故而知新。历代辞赋、诗歌、词曲、散文中字字珠玑、华美隽永的至情妙境，每每令我拍案击节、吟诵流连、一唱三叹。曾经也想学着撰词作句，却每每自觉与古贤名篇相去甚远，显得咬文嚼字、矫揉造作、东施效颦，不若引得妙句入画境，以己之长在作品中表达诗情画意，这才有了一批"《诗经》画意""楚辞画意""乐府画意"系列作品和"古贤圣迹"组画等。我从其中各选了一二十首自己喜爱的诗词曲赋，以一画一书的形式，装裱于一帧，互补成趣。例如"《诗经》画意"中的《采薇》《蒹葭》《关雎》《伐檀》，"楚辞画意"中的《离骚》，"乐府画意"中的《大风歌》《观沧海》《陌上桑》《饮酒歌》，唐诗宋词中的《王维诗意图》《李清照词意图》《东坡词意图》，以及《孔子授徒》《姜尚求渔》

《楚辞画意1》　画：22 cm×60 cm，书：18 cm×60 cm

《〈诗经〉画意·蒹葭》　42 cm×60 cm　2014

《乐府画意·李波小妹歌》　26.5 cm×50 cm　2014

《王维诗意图》（红豆生南国　春来发几枝　愿君多采撷　此物最相思）　　136 cm×68 cm　2009

《姜尚求渔》　80 cm×56 cm　2014

《孟子释仁》《荀子劝学》，等等，断断续续积攒了百余幅不同风格趣味的古典题材作品。

2014年参加完陕西省美术博物馆邀请的"长安精神·陕西优秀中青年国画作品提名展"和举办山东青州"素尺凡心——冯远水墨人物小品画展"后，稍后推出的水墨画《望乡》和《心幡》也成为多项展事争相邀约的作品。《望乡》的创作与我画农民工题材有关联。随着国家经济建设发展，农村的城镇化进程也在加快提升。那些年我在多次参与的扶贫和捐助希望小学的经历中，看到大量的农村因青壮年离乡进城打工，造成农村空心化状况日益严重，触目可见失助的老人和留守儿童，以及萧瑟了的村庄、荒芜了的田地，往日熟悉的民俗文化和村民活动空寂冷清。而在仅有的几处村民聚集地，如村口大树下、碾台一侧，不见了昔日的喧闹，而是妇孺童叟望迎离乡父母、儿孙回归的所在。我将这些素材，连同我的复杂情感综合进了同一件作品之中。我描绘了一个放学回家、书包未曾放下即背上箩筐参加劳作的小学生，在他的旁边，一位聋哑哥哥背着残疾弟弟，爷爷怀里揽着衣着漂亮的小孙女，姥姥抱着刚断奶的外孙的情景组合……他们无一不在遥望城市、向往着城市优裕的生活，而在外打工的年轻父母、儿女也无时无刻不牵挂着家乡的老小，这何尝不是中国式现代化进程中绕不过去的艰难过程和双向的望乡情结的真实体现。

《心幡》表现的是一个藏族少年听闻喜讯的那一刻仰天露出愉悦的表情，连同飘扬的五彩经幡一起向世界传播幸福的象征性绘画图式。与《今生来世》大量采用颜色的方法不同，我试图用最单纯的水墨语言来表现《望乡》《心幡》的出发点在于：一、我有意追求具有时间性特征的老照片效果；二、单纯的水墨语言在此时能够使读者观众不受色彩干扰，一目了然地直接与作品中的人物展开心灵的沟通与

《望乡》 298.5 cm×219 cm 2014

《心幡》　146 cm×268 cm　2014

对话。最为单纯、强烈、素朴的黑白两色，也可以通过不同层次色阶的墨色变化，使图像鲜明饱满而令人过目难忘。当然，任何作品的感观、意会裁量权在观众那里，作者在此时只能是提供一个解读的路径。

  7月，我接到时任中国国家博物馆馆长吕章申的电话，邀请我为国博1号正厅量身制作《世纪智者》。按照馆厅预留墙面的尺幅大小，吕馆长希望我在1999年版的同名作品基础上，放大为将近五倍大的556厘米×410厘米。如果按原作等比例放大复制，作品中的每个人物头像均将达到40—60厘米的直径，这当然是对作者专业基本功和能力的挑战和考验，放大了的智者肖像既要进一步深入刻画，又要保持整体画面的关系不乱，处理好整体和局部的主次虚实关系。好在我有《远山——拉哈屯的父老乡亲》创作大幅人像的经验，并不畏惧大幅群像的塑造与描绘。但是为了使新作的画面场景更为宏阔，我在第一版的结构形式基础上做了调整和扩容，画中智者从原有的100余人增加到160余人，在顶部最高处将中国水稻专家袁隆平、航天英雄杨利伟以及美国人比尔·盖茨、乔布斯等都放入其中，同时又增加了宽度，增强了智者人阵的地平线弧度的舒展性，使人物近、中、远的层次和纵深感拉开了大小对比，强化了空间层次的透视效应，让画面更具丰富性和饱满效果。我从人物形象塑造需要出发，强化了水墨画语言的表现性绘画特质，如前排的李大钊等人物形象除勾勒之外，基本上以大笔排刷渲染结构体面，同时尽可能减弱光影素描图素，有意识地往平面处理靠；还突出人物的眼神，让每一位智者以静穆的神态正面凝视观众，似乎在诘问历史的同时，也在审视每一个当代人："你是谁？你将向何处去？"扩容《世纪智者》的效果是，不仅从视觉效应上强化了画面气势，也形成了富有震慑感的艺术张力。

前后历时一年半时间，我在租用的工作室里，分局部地边创作边卷起逐步推进，又借用大库房，通过爬梯子调整画面总体效果。如期完成的《世纪智者》在中国国家博物馆一经展出，引来的观众和摄影留念者众多。在此期间，我的《母子图》参加了在巴黎大皇宫举办的"中国当代美术作品展"；组织策划了中央文史研究馆"文史翰墨——第二届中华诗书画展"，在中国美术馆圆厅举办了一场别致的诗词吟诵会；为国家大剧院贵宾厅创作了一组六幅的戏剧人物图；还在年底应邀去奥地利维也纳举办了我的个人水墨画展；等等。

2015年，我难以抵御清华大学多位领导和同事的百般游说，同意兼任清华大学新建的艺术博物馆馆长。从工程施工介入到验收接管，占用了我大量时间，接着转而进入开馆筹备的紧张工作，从办馆宗旨理念的确立、体制机制的讨论设置，到开幕展览的筹划组织、人员分批招聘培训、试运营预算编制、规章制度的制定等等，事无巨细，都须亲力亲为。新入馆的年轻人工作热情高，但缺少经验，加上部门人员间的合作经常发生错位矛盾等，幸好我有过美术馆的工作经历，能够协调捋顺各个环节的问题所在，使各项工作平稳有序展开，并应允在此做三年的义工，为办成中国大学一流的博物馆起到了积极的推进作用。

10月中旬，正在上海美术学院主持党政联席会议的我，接到了赶回北京出席文艺座谈会的通知。习近平总书记围绕建设社会主义文化强国和文艺工作的重要讲话，立意高远、内涵丰富、思想深刻，使全体与会代表深受教育和启迪，我将在余年中自觉贯彻落实总书记的重要讲话精神，继续发挥好一个文艺老兵的应有作用。

虽然处于二线工作状态，但多重义工的身份仍要求我合理分配时间：中央文史研究馆定期的思想政治学习和调研活动、"中华文化四海行"活动、出访交流和学术讲演活动需要占用主要时间；清华大学艺术博物馆开馆在即，系列展览的资金资源需要出面协调，经常要向大学申请特许政策；辅导研究生论文需要认真、严谨、细致；而作为主要任务的组织辅导"中华文明历史题材美术创作工程"正稿制作的精细加工与打磨，才是最为耗神的；等等。依靠专家委员会，我们选派多个专业辅导小组，按片区分赴各地，指导把控创作进度，为的是让每一件作品不留或少留硬伤、遗憾。我的《屈原与楚辞》在按计划进行中，也到了拷贝正稿的阶段。

每一次重温屈原辞赋，我都会因其瑰丽悱恻的辞章冒出新的创作意念，感动之余又煞费苦心。作为中国古代杰出的士大夫代表，屈原身上集中体现了内圣外王的人格道德精神。我在浪漫主义的诗人屈原、受儒家道统思想浸淫的高官屈原和愤世嫉俗、鸷鸟不群的哲人屈原三者之间，以忧国忧民且不失君子之风的屈原为作品造型主基调，

《母子图》 146 cm×116 cm 2011

《屈原与楚辞》创作过程中

并以此统驭全局。我在1993年创作的线描版《屈赋辞意》基础上对核心部位的屈原造型做了改变，将激奋的造型改为问天的姿态。其形象除参考了历史相关图像特征外，我还突出了其秀骨清像、眉宇间郁结之气不散的神情，兼容写实与写意。又将天庭部分做了大改动，尽可能将叙事内容通过组合方式融入其中，还精心设计了数条长线、数块流云气韵，架构起作品画面的节律，再从以主脉为依托的左右生发，按序把各个局部内容镶嵌到位，然后修葺删减去多余细节的不规则外轮廓，以服从主旋律气势的走向，求得整体画面的饱满丰富，但不纷乱琐碎。由于作品的绘画语言以线为筋骨，因此线在作品中的运用、线的质地、线的功力以及线的品位便关乎作品气局，我取用高古游丝的笔法，吸收钉头鼠尾描的起势特点，放开收势，使线条具有舒展放逸的意味。一笔一画，起承转合，尤其处理长线时，则是屏息敛气，不敢有些许草率、浮滑。彩色版的《屈原与楚辞》是以壁画填彩

《屈原与楚辞》线描　550 cm×394 cm　2015

《屈原与楚辞》彩图　550 cm×394 cm　2016

得授法兰西文学与艺术骑士勋章

的方法按部就班进行的，三段式的画面由下部冷色逐渐向暖色过渡，达至金碧辉煌的上部屈原《离骚》辞赋中的美政理想境界。除了第一版的《屈赋辞意》，乙未、丙申两年中，我又创作了550厘米×394厘米的一幅线描、一幅着色的《屈原与楚辞》。《屈赋辞意》与《屈原与楚辞》是内容、形式各不相同的屈原作品。

2016年3月，在法国驻华大使馆，获颁法国总统签授的法兰西文学与艺术骑士勋章。5月，我设计创作的《诗词歌赋》邮票获全国最佳设计奖。9月，清华大学艺术博物馆开馆仪式暨首展隆重开幕，到场嘉宾如云。经过几年的辛苦付出，新博物馆终于掀开盖头，宏伟敞亮的展厅给了各界一个惊喜。我在开幕式致辞中发表了《艺术博物馆与大学》的讲演。10月，"中华文明历史题材美术创作工程"经过前后五年倾情投入的创作，其中经历了几次三番的修改完善，终于经由投票通过了评审委员会的验收，我和工程办的同事们如释重负，长出了一口气。我还协助文史馆袁行霈馆长组织专家编纂《中华传统文化经典百篇》，与考古专家就海上丝绸之路申遗项目进行考察调研，并形成报告向国务院领导建言。11月，应天津美术馆的邀请，我在那里举办了个人作品展。

11月30日至12月3日，中国文联第十次全国代表大会召开。主席团成员换届调整，我续任兼职副主席。会议期间，"中华文明历史题材美术创作工程"146件作品以"中华史诗"为名，在中国国家博物馆向社会公众展示。巨大的画幅，辉煌饱满的画面和丰富多彩的雕塑，煌煌列置于博物馆的高庭阔廊中。一时间，观众络绎不绝、摩肩接踵，堪为盛事，国家文化祖庙的最高殿堂从此有了这批高扬中华民族精神的鸿篇巨制。12月下旬，我应家乡领导的征召，赴上海接任上海大学上海美术学院院长，为家乡美术教育事业的发展出力。

接任国务院参事室党组书记、主任一职的王仲伟是位头脑敏锐、思维超前、语言表达能力极好的干才，2017年3月，他在推进各项工作积极开展的同时，与我有过多次就如何加强社会调研、提高参事馆员资政建言的水平质量的交谈，还希望文史馆能够挖掘专业资源，在编好"馆员文丛""中华文化系列丛书"等学术专业著述之外，策划组织一些有意义的活动。春仲时，仲伟邀我一起陪同国务院领导赴天津、苏州考察地方文史馆工作，看望资深馆员叶嘉莹、冯骥才等。一路闲聊文史馆工作，谈及不妨组织一些高端书画创作活动，一来可以为文史馆增加收藏，二来也可以用于国务院办公场所的大型公共环境轮换作品陈设。综合考量了当时全国美术创作状态，也结合了环境布置艺术的特殊要求，我提出了"中华家园"的美术创作项目构想。该项目拟由"民族风情"——反映56个民族新生活新面貌，"锦绣河山"——中国十大名山、十大秀水，"国宝系列"——花卉植物和国宝珍稀动物等组成。与之前的反映中国五千年历史和百年风云题材的作品内容不同，"中华家园"将呈现丰富多样的民族风情风俗、家园风光风采，是色彩缤纷的图画。构想很快得到了文史馆领导的肯定，但是在报请方案预算时，却迟迟得不到批复意见。不是说文史馆不具备组织开展艺术创作活动的职能，而是须经由归口职能部门渠道，就是说选题须报经主管部门审核同意。然而按照有关要求都办理了，却还是未见回复。急性子的主任表示可以双管齐下，一方面责成承办部门文史馆书画院继续推进，另一方面报批程序照样走。有过之前两次创作活动的经历，我深知经费不落实恐生变数的危害，作为帮工，虽说我能做的是指导、辅助创作全过程的质量环节，但美术家付出的劳动如果不能得到保障，活动将难以收场。尽管文史馆领导做了多方努力，但还是没有结果，也不说明是何原因。后来的事情诚如我所料，美术家们已进入正稿制作阶段的创作活动不了了之，这成了我数十年工作经历中最感窝心无奈之事。

实职担任上海大学上海美术学院院长，给我增加了很大的工作量，每个月我都须赴沪实地办公10余天。作为上海大学的二级学院，美术学院多年来处于瘦小孱弱发展不起来的状态，上海市政府再三动员我前往任职且许以丰厚条件待遇，相信是有关乎未来发展考量的。上海作为现代国际大都市，已有历史久远的上海音乐学院、上海戏剧学院，但却没有一所缘起历史更为久远的、真正意义上的美术学院。这既与上海历史和现实的身份不符，也会成为上海在未来国际文化竞争交流中的重大缺项。美术与设计的功用与21世纪中国创新都市的文化品位、格调息息相关，更与市民的生活质量提升紧密关联。上海有着曾经辐射全国的丰厚多样的美术资源，如果能够有效地整合分散的专业资源力量，加大青年人才的培养，重振熔上海传统文化、红色文化、江南文化、创新文化于一炉的"新海派"文化艺术，将是能够也是应当实现的理想目标。作为游子应召回归，我理当放弃一切待遇，无条件地为家乡文化建设尽一份心力。我着手从办学理念宗旨到专业学科发展设置、师资队伍建设、教学质量监管、内部管理机制等做一番改变。时任大学党委书记罗宏杰、校长金东寒都是想做事又能做事的俊才，为美术学院的发展还拟定了"虚拟法人、自主运营"等指导方针，给予学院以更多的办学自主权。在此基础上，我提出"深实博约、德艺双修"，创造性转换申学传统、创新性发展海派文化、创意性提升上海人文、创建性打造现代美术教育体系的口号，亲自介入教学一线，查找问题、解决困难、改变积习、增加压力；广邀全国业界贤才精英加盟美院建设，又策划推出"杏林撷英""师坛锦瑟""春华秋实"系列教学交流展暨教学论坛的组合举措，邀请全国各地院校师生齐集沪上，共同推动美术教育质量的改进与提高。同时，我又促进美术学院与上海各专业美术机构、馆院建立横向联系，派出干部挂职以加强协作……感谢美术学院的同事和广大师生，短短三年时间，通过全院上下的齐心努力，学院人心提振，知名度、影响力日益扩大；但个中的辛苦和各种棘手问题的处理与纠结，也常会令我感到身心疲惫。

5月间，传来噩耗，我的兄长宋雨桂去世，这位身世经历传奇、性格开朗、艺术成就名满海内外的山水大画家还未满80岁，十分可惜。这些年，虽然我和他都忙着各自的事业，但时常有电话联系和活动见面，为了他的病患，我也多方帮助联系疗治，但宗兰大嫂一直没有告知我兄长的真实病况，也许是不想令我分心而瞒至最后。兄嫂于我有大恩，在我最为困厄之际是他们给我以真诚的帮助，兄长之于我恩德重如山。纵然世事有浮沉、人心易变幻，但在我心中，此生不变矣。去世之前，他还抱病认真完成了"中华文明历史题材美术创作工程"中"黄河"主题巨作《黄河雄姿》，他是累倒而提前结束了生命的，这让我感到痛彻心扉又深深自责。接到消息，我还在出访之中，

重逢雨桂兄长

　　昔日的场景一一如在眼前，恍若隔日，夜不能寐，连夜写了幅长联"德昭望重，寓庄于谐，跌宕人生，侠骨鬼才，艺苑柱梁，乃受时人景崇；丹青国手，乐山喜水，情性境界，腕底乾坤，画坛大匠，堪为后学楷模"寄出，算是献在兄长灵前的一份哀思，又撰文《五月的追思：痛悼艺术大家宋雨桂先生》以志纪念。

　　在躬奉义工职责的往还之间，我未曾放下构思中的"致新世纪"系列作品的内容，想着在70岁古稀之年前、体力尚可之时能够完成，但经常受计划外各类杂务的影响搅扰而时时搁置。因同属文联系统和同行间的相互支持所托，我先后接受了上海文联"中国神话题材创作项目"《盘古开天》、贵州文联历史文脉《苗族大迁徙》和中国国家画院"一带一路"美术创作工程《汉武帝经略边疆遣使丝路》等的创作任务。尽管题材各异，但都富有挑战性。我清楚地意识到：艺术家60岁之后的每一件作品创作都在一定程度上标示着自身的专业状态，公众并不以声名地位来评价一个艺术家的贡献与成就，而是通过一件件作品的水平累积去衡量意义的大小。能不能传世，我都必须尽己所能地去"应战"，也许不能保证自己的每件作品都能出彩，但前提必须是自己已尽力。

《盘古开天》　310 cm×200 cm　2017

　　神话传说中的盘古，于天地混沌如鸡子的一团漆黑中，经万八千年而出，抡神斧一挥，浊气下降、清气上升，日月出而天地分。神话题材最大的便捷是可以以此为基本架构而展开任意想象，无需求实。但我在构思了多个草图方案后认为，即便是神话，也须按合理的逻辑展开推衍。盘古是神，也是中华先人，是人就宜以天、地、人三分位置来设计虚无缥缈中神或人的地位与造型姿态。尤其作为神

《汉武帝经略边疆遣使丝路》 155cm×340cm 2018

漢武帝經略

公元前壹肆零壹年漢武帝劉徹繼位他勵精圖治著手寫劉守定西域對用兵的策略前後三次決定性戰爭大破匈奴收復遼疆設郡治理真定了中國古代早期一統疆域的基礎養應經濟文化開啟了漢朝之開友好相處和平文化海的和平時期漢漢武帝二次派遣張騫出使西域謀求建立軍事聯盟漢武帝揃徊經營

灼日 冯远自传

为汉武帝的历史业绩作画　　　用中国样式、中国技艺和语言来表现《汉武帝经略边疆遣使丝路》

话系列的开篇，不能像教科书插图一样为求神变而失之轻薄，浮游在半空混沌之中将使人重心不稳而减弱挥斧的力量感。我在《盘古开天》中最终选择的是以大写的"人"字造型矗立在画面中央，如安泰一样双脚分开稳立于大地上，高举过头的神斧象征着已然分出天地，而将左右两侧处理成上升、下降的清浊之气、流云气韵。作品中，我以写意工笔形式的笔法，用粗拙的线条结构人形、刻画容貌、勾勒张扬的须发，又以流畅的装饰化用线处理清浊云雾，还施用鲜丽的色彩追求明亮厚重且强悍的视觉效应。《苗族大迁徙》是我在早年到过贵州收集的民俗资料和速写素材的基础上，运用苗家凡有重大庆典活动必有庄重仪式的习俗和围圈吹笙歌舞的场景，以方形构图将完整的载歌载舞的男女各展其技的组合图像纳入其中，中心位置则表现了两位吹笙斗舞的青壮汉子的生动姿态。复以沉稳饱和的中铬绿色作为画面的背景，衬托出苗家歌舞者白色的衣装和黑色的披风，既表示为草地，也示意为苗家信奉的自然之力。

相比前二者，《汉武帝经略边疆遣使丝路》属于历史主题绘画，需要有严谨的史实考据。16岁继位的汉武帝有雄才大略，矢志平定西部匈奴对中原汉民族的长期袭扰，但他又明智地采用两手策略，派出使臣张骞前往大月氏国联络合纵抗击匈奴。又按汉代规制，军队出征，鲜有帝王出城送行，但是如果作品将派遣场景置于殿内，则通例多半会是武帝居君坛正中，由侍臣宣诏，而军队威武出征的特点无从显示。我在咨询了历史学专家有无可能移至城外，是否违逆古制后，得到的反馈是：特殊重大情况，理论上并非不合理。历史画创作，首要的是尊重史实，但在不违背史实的合理前提之下，为了营造隆重的场景氛围，彰显汉武帝英姿和必胜的决心，略做适当的调整将有利于画面主题的集中体现。同时我又将大将军卫青、霍去病、李广、公孙敖、公孙贺等整装待发的戎装造型与军队车马和张骞出使大月氏的情节并置于同一场面，以此充分地呈现大汉气象、威武的军队气势和帝王送行的盛大威仪，重要的是使笼统的经略主题得以具体化地"如实"再现。在技术语言风格上，我一反水墨写意画的手法，而以重彩写意工笔的方法处理画面，为的是使作品重现大汉雄风的庄重热烈。

第七章 踔厉晚晴

褪尽一切的浮云和诞妄，回到原点，你的人生价值，由你定义。

——题记

　　12月底，我回到了刚刚风歇雪住的东北，当年务农之地。此行一来是抱着多年一直想重回故地还愿的执念，二来是央视几次三番催促我完成人生经历的节目录制。久别重逢的乡亲们相见，兴高采烈、激动万分。窗外，一如当年的冰天雪地；屋内，恍若梦境的如春温暖，言说不尽的往事，叙述不完的至情，止不住的热泪横流……当年的二分场十四连，昔日的查哈阳，一切都变了，变得更加富裕，变得像座新城，乡亲父老的生活条件大大改善了。当年一同劳动的姑娘小伙如今都儿孙绕膝、霜染两鬓安享晚年了，不少老职工的子女都上了大学，进大城市工作成家了。金凤嫂还健在，咧着缺了牙的嘴历数当年知青那些糗事哈哈大笑，大伙儿从各种渠道了解到我的情况都夸道：冯远小子，出息了，出名了，还当官了……个个兴奋难抑。我进张家、出李家，和大家轮番餐叙，我给他们家家送红包、写春联，给当年的大婶、小媳妇和孙儿画肖像，而在她们眼里，我也已是双鬓泛白的花甲之人。离别那天，当地农场的领导和媒体还特地赶来送行。

重现马克思在国际工人协会
成立大会上讲演的情景

再见吧,曾经滋养哺育过我的第二故乡,有生之年,我还要回来。

除夕前,女儿从美国宾夕法尼亚大学东亚艺术史博士毕业后回国,十年的留学生活,锻炼了她较强的独立生活能力,也培养了她开阔活跃的思维、理性清晰判断分析问题的方法,这些优长对她未来的人生大有用处。

2018年,是伟大的思想家马克思200周年诞辰,中央宣传部将举办隆重的纪念活动。中央党史和文献研究院通过文联、美协邀请一批知名画家创作马克思生平活动和事迹,分配给我的题材是马克思参加国际工人协会成立大会并作讲演。与《汉武帝经略边疆遣使丝路》题材同理,也属历史画性质,所不同的是马克思作为近代人物,有关其生平图片资料、文字记载要丰富得多,这为作品创作提供了情景再现的便利条件。而百多年来,国内外发表的马克思作品中除了肖像之外,也有诸多表现其生平的内容。但按照主办者的愿望,该题材既要有马克思发表讲演的形象,还希望出现工人代表群情激昂高唱国际歌

有幸连任全国政协委员参商国是

的场面。这是难倒了我的主要问题。常情之下，出现马克思正面，工人群像必是背面；若要工人群情振奋，马克思则一定是背面，两者难以兼顾。但我还是想方设法地寻求突围之策，我模拟会场以360度旋转，找寻两者都能出现形象的角度，确信只有在双方侧面、中侧面角度才可以同时出现双方形象，而从马克思右侧选位，则可能受其讲演手势影响形象塑造，唯一的角度是从他左侧定位，才能较为理想地兼顾双方。但又一个问题是遍寻马克思图片资料，辄无一有其全侧面角度的形象。为了达到情景重现的"真实"场面需求和主办者的愿望，最后我依凭着雕塑家的做法，在充分估测马克思头部和发型结构基础上，设计了马克思略带仰角的侧面形象，以及他慷慨激昂发表演说的神态、手势。画面以全景式展现了思想家与工人代表融为一体，为实现共同理想奋斗的热烈场面。作品一举通过了专家的评审、获得认可。

2018年，我续任第十三届全国政协委员；率队与文史馆馆员、北京大学的陈平原教授、复旦大学的葛剑雄教授等学者访问土耳其、埃及，并在开罗和卢克索南河谷大学美术学院介绍"中国当代美术"，平原、剑雄二先生渊博的学识和与对方同行交流中体现出来的思想、学术高度令我钦佩。那一年，"中华文明历史题材美术创作工程"的创作文献资料集《中华史诗图文志》出版，持续多年的项目活动还通过了财务审计，终告圆满结束，我深以为此感到荣幸。那一年，我受邀在济南山东美术馆举办个展，山东美术馆的空间环境给我留下深刻印象，它代表着中国美术馆事业硬件质量和水平的大幅提升。馆长张望给了我充裕的空间，使我的不同风格的作品得到了充分展示。那一年，我出席首届全国美术高峰论坛，即席介绍了我对"主题性绘画"的认识及其意义；出版了《四季童戏》四帧一套的邮票。那一年，部队传来消息，那位广受诟病的人士被有关纪检部门带走接受调查，我相信我遭遇被泼的那点脏水不足以造成他的留滞，坊间沸沸扬扬说什么的都有。作为画家同行和曾经的美协掌门人，我尊重过他，但今天则应了那几句老话："人在做，天在看""种瓜得瓜，种豆得豆"。

最让我感到高兴的是，上海大学、上海宝武钢铁集团经过多番研究协商，决定在宝武不锈钢厂原址上共同修建新的上海大学上海美术学院校舍的计划取得了进展。整个事情从构想创意到操作推进过程虽然漫长，但最终得到了上海市政府、上海市教委、宝山区政府、宝武钢铁集团和上海大学的共同支持并正式签约，为实现上海几代美术家的梦想规划设计了美好蓝图。

那一年，适逢中国美协召开第九届理事会第一次会议召开。虽然各文艺家协会的情况千差万别，但中国文联人事部历来按照严格的制度程序，考察选拔下属各协会的负责干部。历来的美协、书协换届工作过程中故事多多而情况复杂，原因主要是主席、理事头衔背后关联着经济和社会效益。在换届前期的考核征询意见中，主管部门领导亲自约我谈话，气氛严肃，还给了我诸多嘉慰溢美之词，核心意图是希望我同意出任名誉主席。这实在让我意外。通常名誉主席一职，必经过至少一任主席的资历，且须为业界公认的艺术大家。若未经专业学术界达成基本共识，勉强拔擢岂非予舆论以笑柄？知我者，系谓领导栽培我受命；不知我者，以为我博取非分功名，此何以对同行言清道白？我坦率提出了我的担忧，并表示年龄资历皆尚须沉淀积累，我当再做努力……未料职能部门表现得轻松若定，表示如果我愿意承领美术界代表的荣誉，后面的事情无须担心。呵，这是拒绝不了的殊荣！如此这般，我就在这次全国美术家代表大会上一跃成为名誉主席，感谢全体会议代表的盛意与信任。后来我了解到各协会换届中不乏此类情况的应对，已不足为奇，为了妥善处理各种诉求，真是难为了领导和人事部的殚精竭虑、运筹帷幄。

2019年，五四运动100周年，新中国成立70周年，这是两个重要的纪念、庆祝节点。回想从五四启蒙运动发端到今天的百年历程，中国发生了波澜壮阔、跌宕起伏、巨大而深刻的变化。追随着新中国历史一路艰辛，筚路蓝缕、玉汝于成，从事美术教育教学创作研究多年以来，我一直在百年历史中撷选着有感而发的创作主题，又随着对近现代历史的深入学习，更加深了我对中国共产党人和各类先贤伟人为改变昔日破碎山河、解救苦难深重之中的民众付出的牺牲，以及当年为谋求种种救国之道如何奠定共产党的立党初心的认识。我从我熟悉的五四运动以来的历史人物中选了18位代表人物，以照亮封建末世、指引光明的"灯"为题，创作了一批先贤系列肖像画。从康有为、李大钊到青年毛泽东，其他还有严复、梁启超、陈独秀、蔡元

《五四人物系列1》
150 cm×40 cm   2019

《五四人物系列2》
150 cm×40 cm   2019

《五四人物系列3》
150 cm×40 cm   2019

培、鲁迅、胡适、王国维、陈寅恪、冯友兰等等，以写意水墨技法塑造18人的立像。通过对他们每个人的经历读解，我在参考了大量历史肖像图片的基础上，依据对他们秉性作风的认知，设计了18位人物的身形姿态，或站立，或端坐，又极尽水墨大写意的笔法，精心刻画描绘了18人的形象特征，力求形神兼备、神态各异。完成后的作品一经装裱排列，蔚为壮观，宛若时光再现，也成为我近年来较为满意的一组肖像画作。

随之而来的，习近平总书记在各类讲话、报告中引用的中华古代经典事例、警言、论句等等，成为中国美协连环画艺术委员会创作的选题。我接到了约稿，对于从艺即得益于连环画创作的我来说，蛰居心中的连环画情结是无法磨灭的。尽管后来研修中国人物画，但长于叙述故事的连环画何止于中国画，甚而各种绘画形式均可介入并通过连环画形式呈现富有意义的主题内容。加上不少业界同仁的怂恿，我就选了战国典故"安而不忘危，存而不忘亡，治而不忘乱"，以彩墨国画形式作图，总共12帧，并参加巡展。9月，我出席了"第十三届全国美展油画、雕塑优秀作品展"开幕式。10月间，我在美协于扬州举办的第二届全国美术高峰论坛上做发言《苍穹之下，表象之上》，重申了我关于现实主义精神指导下的美术创作与中国绘画的方法论观点。当年，天津人民美术出版社编辑出版了我的第七本画册。作为过程，每一本画册都记录了我各个阶段的实践成果。

正当我应和在新中国成立70周年盛大庆祝活动典礼上，为习近平总书记表彰的百位各界劳动模范和共和国功臣构思创作一幅表现时代风采的人物群像作品时，上海传来方增先先生病危的消息。我赶紧奔赴上海瑞金医院探视重危的恩师。由于胃疾久治不愈，晚年方先生屡受病痛折磨，还因营养不足引发各器官衰竭，师母和儿子方子虹

每年春节回上海探望恩师方增先先生及师母

尽心救治，仍难以奏效。我握着全身插满管子处于昏迷状态中的恩师的手，握了又握，半天不见反应的他眼角滑下一滴眼泪，方老师知道有人来看他了。一周以后，方老师平静地走了。我帮着师母和子虹张罗举办丧事，简朴而隆重，中国美术学院和方老师家乡来了不少人，许多当年的同事、老学生和方老师老家浦江县的官员赶来为方老师送别。先生的艺术成就和学术价值，早已为世所公认；先生为教育事业以及上海美术事业的发展建设付出的心血与成果，也已为同时代人所肯定与尊崇；先生身前身后有关他的研究评论、专业著作亦已广为播布。作为学生，我深深感谢先生赐予我的机遇和后来在学业上给予我的教诲与激励，没有方老师，也就没有后来的冯远。斯人已逝，德业长存，师者之风，山高水长。一个人，一辈子做一件事，是谓平凡；一辈子只做好一件事，是谓不凡；一辈子将事情做得有意义，是谓非凡；而一辈子能够将事情做得载入史册，影响后世，那是超凡。方老师以一个艺术家所具有的执着、勇毅、仁爱、富有创造智慧的特有品格和思想情怀，成为无愧于这个时代的艺术家楷模。

12月，武汉传来新冠病毒扩散传染的报道，各地疫情已现波动。2020年元月，疫情趋于严峻，党中央国务院成立了应对疫情工作领导小组，一方面指挥各地开展抗疫防护，一方面组织专家攻关疫苗，用于预防感染。首都北京也没有例外，大家都被要求减少外出活动。中央文史研究馆多项活动被取消，馆员减少聚集活动。虽然活动受到限制，但是居住地附近的公园仍然可以持绿码进入。时值孟冬，寒风虽凛冽，空气却清新，每天黄昏去走步做操，是一天的必修课，也是放空心情的轻松一刻。天天倘徉园中，看落日西沉，那鳞次栉比的落叶林，枝条造型各异，层层叠叠通透舒展，不似春夏间密密匝匝的绿叶浓荫，煞是好看。不知名的灌木和紫薇、丁香伸展着优美的枝姿；随风摇曳的柳条更是婀娜优雅；光剩下枝条的紫藤盘根错节地显出与夏日全然不同的形态；雪地上东倒西歪的枯荷倒组成了一幅幅抽象绘画；叫不出名字的雀鸟欢快地在枝头喧闹；日光移动下斑影参差的太湖、灵璧等假山石，也由平日里嶙峋嵯峨的模样变得安详平和……每天差不多的路线，看多了看久了，看出了不同的美妙，平日里画多了人和人群，难得细细体味"一花一世界、一沙一天国"的真义。疫情让我这个迈入暮境的老叟感悟到了自然与生命原本紧密关联的价值，只是生活在不同的物种世界和生命维度之间，听不懂植物和大自然沟通的声音与话语方式罢了。于是就有了我的"紫竹二月"树石系列"春王""竹秋石""上春柳""槿月木""花朝石""如月竹""仲春石""华岁"等数十幅写生画作。虽然并不都是面对面的写真，但却是在所见所观中加入了人生的感悟，也成了我理想中绘画本应超越人物、山水、花鸟分科，转而为拓展视野形成更为宽广的创作选题的重要一步。

春夏之际，应中国画学会年度展之邀，我开始创作"唐宋八大

《紫竹二月1》　60 cm×122 cm　2020

《紫竹二月2》　60 cm×122 cm　2020

《紫竹二月3》　60 cm×122 cm　2020

《紫竹二月4》　60 cm×122 cm　2020

灼日 冯远自传

《唐宋八大家之七》 152 cm×42 cm 2020

《唐宋八大家之一》 152 cm×42 cm 2020

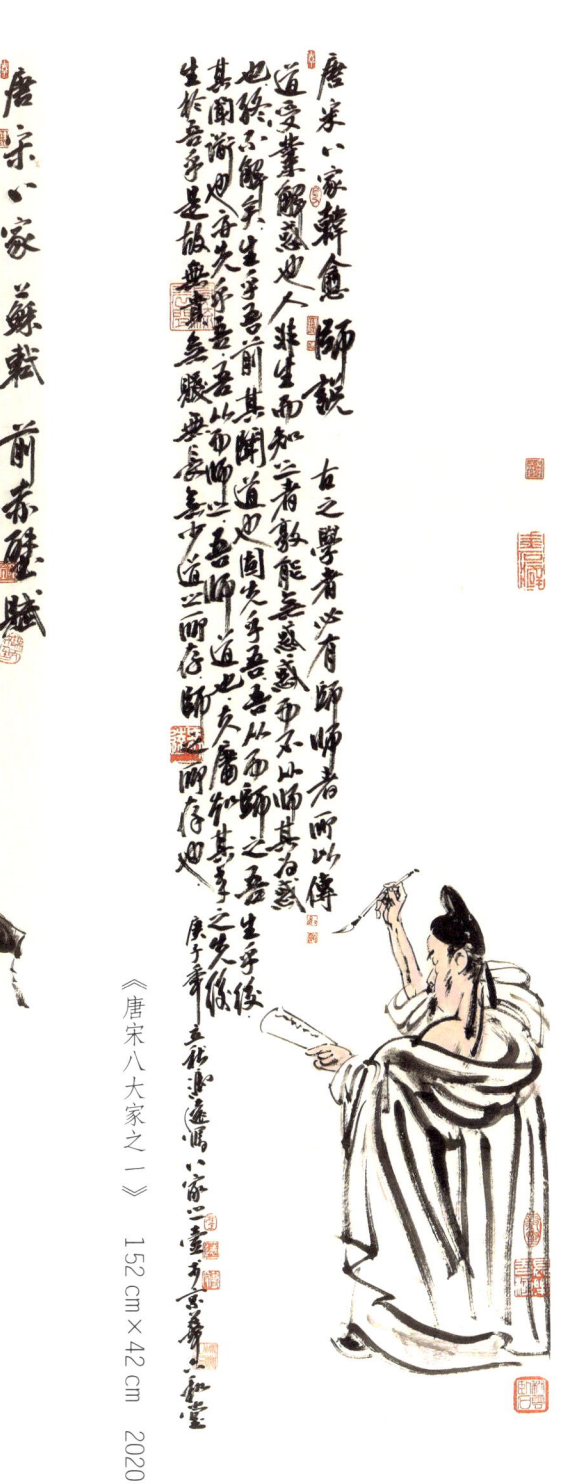

家"系列。多年以来，我主要的创作主题一直在基本写实的现实主义历史与现实题材、倾向写意的古典人文题材和类抽象的表现主义形式绘画题材中轮转。这并非是我执意锁定一己风格去套裁表现不同主题内容的作品，而是想在彼此间找到互补兼容的语言方式。创作"唐宋八大家"系列源自陆续拜读八位大家精彩的宏论华章，并以为中国古代士大夫高蹈的理想情怀，非以大写意文人画的手法难得其精神丰富之万一，所以作品实际上是借用了他们的人与文，而实质抒发的是作为作者的我。辄以寥寥数笔，求其神采毕现；水墨简笔，以少胜多，又兼行草书法融文跋、书法、绘画、篆印一体联璧，写出八大家的豪气、才气与风骨。为了发挥一个老兵的作用，继续为美术教育和美育做贡献，服务社会，满足美术爱好者的学习需求，我配合央视书画频道做了普及版的《历代经典水墨人物画作品解析》和《水墨人物画技法解析》系列电视讲座，陆续播出后，有观众反映深入浅出、通俗易懂，各有获益。10月，我在中国美协等于重庆举办的第三届全国美术高峰论坛上发表《现实主义命题的多样化艺术阐释》演讲。

作品《公民》也是在此一阶段半封闭状态中完成的。我在精心收集了百位楷模人物图片基础上着手构图，幸亏手机是个宝，不出家门，我就可以在网络中便捷地查找到每一位受表彰人物的各种角度、各种工作状态中的照片，这为我组合不同人物的群像提供了极好的帮助。百位英模之外，我增加了若干位我敬重心仪的人文社科界的耆宿翘楚，并且以"山"字形的画面图形构成表现时代英模的音容笑貌。立意既定，最为棘手的是如何规避画面易于产生的概念化宣传画效果。尽管《公民》作为独幅画确有群英群芳谱的意涵，但仅仅依靠罗列形象将是最为失败的，我必须小心地找到解决的办法。我最终的处理方式是打破时间空间的合理关联，将前二、三排不同职业、不同岗

《公民》 256 cm×288 cm 2020

位、不同身份的英模,根据画面错落、梯次表现的审美规律,疏密有致地进行了组合。例如将杨善洲、袁隆平、雷锋组合在一个小情境细节中,形成互动;将焦裕禄、王进喜双人并肩晤对申纪兰、时传祥和陈永贵、郭凤莲。运用此法将多个人物都嵌入各个情境中,化解了画面单调问题。而后排的人物也尽可能让同行业适当集中以利组合交流,或聚或散;又通过人的神情、眼神相对一致,形成多人像的组合性,以此来破除肖像画作品易以各自为中心而刻板的弊病。作品取名《公民》,意谓画中人物既是英模代表,也是14亿普通公民的一分子。我还突发奇想，从自己的肖像照片中选了一幅，也作为公民的一员画在了作品最后一排偏左的位置，我当然没有掠美之意，但公民无有平凡和非凡之分，都是中国的子民，而他们都是我的榜样。技法上，我仍采用了我较为熟练的兼工带写的手法，精心描绘人物、放笔书写衣饰，并在渲染肤色之后，将山型背景染成一片赭红暖色，既可以理解为阳光下，也可象征五星红旗下，但不出现五星图案，以避免宣传化。

同年，我梳理了历年回上海过春节积攒的，特别是新世纪以来都市变化的视频图片，创作了一组"海上印象"水墨画，昔日的"魔都"在新时代继续焕发着现代化国际都市的光彩。我多年生活在北京，每每往返两地，两种不同的城市文化风格和品位，常令我有意去记录描绘之。如何用中国水墨画语言去表现新课题，传统的中国画对山川自然的写照越来越无法自外于现代化的中国都市。"城市山水"理念的提出与来自新课题的挑战，要求当代艺术家在推进中国绘画现代转型进程中拓展并补上这重要一课。不惟如此，如何在当代绘画中吸纳并创造都市山水风景的新形态，这也是教学、创作、科研无法回避且必须面对和破解，进而经探索形成新方法、新传统的挑战。我将新老不同时期的上海景观做了深入的比较遴选，取其精彩有特色部分，以"都市"（一）（二）系列或作品1号、2号的形式呈现了水墨绘画中的现代"魔都"上海形象，如"浦江黎明""陆家嘴夜景""外白渡桥即景""万国建筑一瞬""浦东三剑客"等等。与传统山水画技法中斧劈皴、折带皴、点虱积墨、拖泥带水、连勾带染等的经典方法不同，代之以刚性挺直、无从顿挫曲折的线条、墨分五色的平涂色块以及依凭感觉似是而非的表现性笔墨语言，去表达冷冰冰的水泥森林与高架立交桥。昔日山水中悠游适闲、一唱三叹的从容代

《都市奏鸣曲1》
97 cm×60 cm　2020

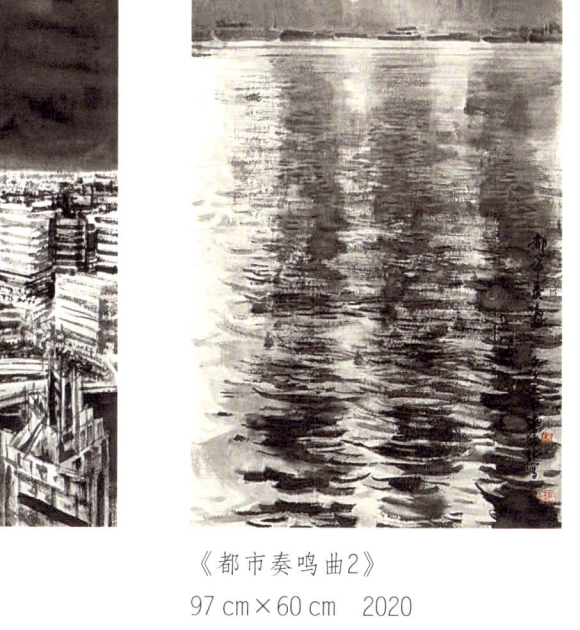

《都市奏鸣曲2》
97 cm×60 cm　2020

《海上印象3》
97 cm×60 cm　2020

《都市奏鸣曲1》
97 cm×60 cm　2020

之以城市中川流不息、变化万端的生理感应和心理关照，迫使身居都市的艺术家去尝试、摸索，进而创造新的技术语言和笔法。

辛丑年开春，新冠疫情仍时有起伏，中央采取的"动态清零"政策将国内的疫情压制在最低度，反观境外状况则疫情仍在肆虐之中。春节过后返京，着手准备建党百年的创作，随着党史纪念馆为迎接七一正式开放，建党百年创作活动5月份也开始作品验收试运营工作，相关单位部门均进入了最后冲刺阶段。参加完历史画主题创作最后一次辅导和广场四座雕塑的最后审验工作后，我也相继完成了为庆祝建党百年特意创作的《主题词集句》A、B篇的创作。作品以历史与现实为意象内容，将A篇以深红颜色作底，以朱磦色阿拉伯数字标注我党百年历史中最为重要的年份，再将十八大以来党的思想理念、执政目标主题用语以不同书体和美术字体按平面构成的方式书写图绘其上；将B篇以青绿色作底，以自然山川梯田作为背景图形，将党中央、国务院有关"十四五"规划目标和远景描述的名词内容，也以不同书体和美术字体用不同的组合排列方式书写其上。再以草体大字书写"复兴大业""中国梦"分置A、B篇主要位置，形成特异的视觉样式。在后来的展出中，观众除颇感新颖外，纷纷质疑：书作、画作耶？7月，是建党百年的正日子，习近平总书记发表重要讲话，表彰优秀共产党员，慰问党龄50年以上的老党员，普天同庆、四海共欢。正式开放的党史馆里，观众如织、人潮涌动，人们既感受到中国在共产党领导下取得的翻天覆地的变化，也通过精彩的美术作品和丰富的史料再次重温了党所走过的艰难而伟大的历程。我还特意为美术展览撰文《百年党史精神图谱的完美艺术呈现》作评。

断断续续耗费了我前后约十年时间的《中华人文图》（之一、之二），制作时间历时一年半才告完工。它的最初触发点源于创作于

1989年的《历史》和1997年的《世纪梦》，两幅作品一为庆祝新中国成立40周年，二为庆贺香港回归祖国，前后相隔8年，受到了藏家的追捧，甚至有富商提议我续作"后历代帝王图"。之后这个想法就一直在我心里盘桓多年，并且从那时起我就有意识地收集中国历代帝王和各类政治家、军事家的文字及图像资料，还盘算着在我进入70岁古稀之年前完成。2021年，我过了69足岁，感到了时间和体力的促迫，决计加快着手进行。泱泱大国我中华，凡有文字记载逾三千余年，江山依旧在，人事有代谢，古往今来，无数君王被历史创造，也创造了历史。但中华文明乃由无数先贤明君、贤臣、勇将和思想家、教育家、科技发明家鞠躬奉献得以发展，他们居功至伟，同样彪炳千秋。于是形成了后来的之一"政治篇"和之二"人文篇"的构思，以杰出的历史人物为脉络，串联起中华人文自古至今的发展历史。我遍查了多个版本的中国通史、文明史、中国史、新中国史等专著文史资料，经征询史家意见，将人物的呈现截止于"政治篇"的毛泽东、邓小平、周恩来、彭德怀，"人文篇"的钱学森、鲁迅、林巧稚、袁隆平等已故去的贤人。搜集丰富的图片素材，阅读大量的人物传记，尤其是古代部分，查找不同版本的表述与评价的过程，是我再一次深入学习、认识理解中国历史的经历，也是一次中华传统文明、传统文化和精神的再沐洗、再陶冶。构思的初衷为礼敬前贤的《中华先贤图》，但这样将涉及一批失败的"英雄"如何处置的问题，经过再三权衡，决计更名为《中华人文图》，以规避"贤士得入斯堂"的择人政治标准，为的是客观求实地呈现中华人文历史。作为一个主修人物画艺术的当代画家，这何尝不是在实现个人小小的"雄心"？

作品的画面取立式对称构图，循历史自上而下，人物形象和姿态造型力求严谨、严肃、严格、精准，努力再现历史人物的神采面貌

《中华人文图》（之一）
396 cm×170 cm　2021

《中华人文图》（之二）
396 cm×170 cm 2021

特征。我在作品中需要解决的主要问题是：将现存史料辞典中的线描古人肖像，"翻译"成眉目生动、具有活人结构厚度的"实"像人物；同时还须有意识地减弱来自影像图片的近现代历史人物的肖像素材的平面化处理，使古今人物形象的表现技法形成协调一致的绘画语言，让熟悉或不熟悉中国历史人物的观众与画中的对象拉近识读交流的时空距离感。日复一日、枯燥乏味的绘制过程恰似我与一个个历史人物在内心对话闲聊的过程，有趣而充实。作品完成后，有心的朋友迅速转到了网络上，瞬间点击率快速上升，许多热心的读者惊诧之余询问哪里有卖，更有不少大约是年轻父母表示希望尽快出版发行、复制单片，用于教育孩子……中华人文艺术传统素有"成教化，助人伦"的功用与价值，如果说作为艺术的《中华人文图》能在审美的同时传递文化精神，这对于艺术家来说，还有比这个更能引为荣耀的吗？这些作品诚之费力费时费工，且未必能够立马变现，但是就文化历史而言，有些题材，有些主题，总要有人去不计报酬、不求闻达地做，去"为天地立心，为生民立命，为往圣继绝学，为万世开太平"尽一份心。

陕北人的模样很入画　　在壶口瀑布为老农画像　　四川花农有性格有画趣

在四川都江堰茶馆中画速写

  同年，我应邀出席海南博鳌亚洲论坛新开设的文化论坛，发表十分钟讲演《助力强国建设，担当文化使命》。随全国政协书画室调研考察黄河流域生态保护课题，赴晋陕桂川写生，既画人物像，又作山水，收获丰盈。

  壬寅之年，新冠疫情仍未见明显遏止，不断变异的病毒让社区工作人员、医护和传染病学专家疲于应对。从新闻上能看到，世界各国的抗疫状况更是起伏不定，解解封封。而国内在既定国策施行下基本处于低度徘徊趋势，时有星火返跳波动，即被全力扑灭。虽造成生活不便，但国人皆能自觉配合政府共同防疫，中国是最安全的。孟阳月，我从上海返京，为"致新世纪"系列下一件作品创作做热身活动。我先创作了拟议中的水墨系列"大地之歌"，作为继"紫竹二月"系列之后计划的一部分，也是吟诵于心多时的题材。灵感与素材虽然来自曾经的无数次出差旅行、记录下的在空中航班上看到的窗外奇异景象，但更多的是融入了人到暮年对人生经历、对生命、对天地自然的参悟及感受。诚所谓彼时"看山是山"又"看山不是山"，今时"看山还是山"的过程，由少及长、由盛而衰，是谁也逃脱不了的生命规律。人会化为尘土、回归大地、隐没江河；大地才是人的生养

《大地之歌之二》　75 cm×143 cm　2022

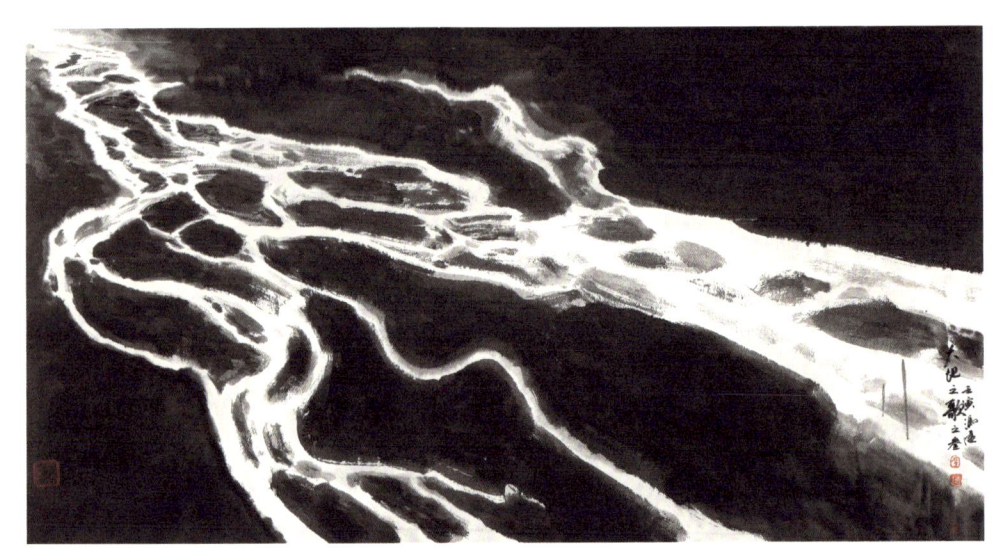

《大地之歌之三》　75 cm×143 cm　2022

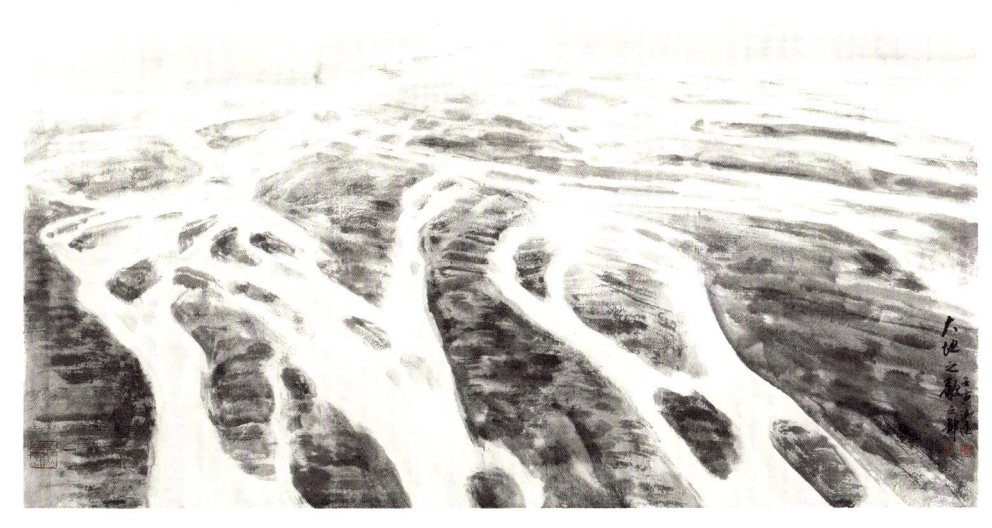

《大地之歌之四》　75 cm×143 cm　2022

《大地之歌之六》　75 cm×143 cm　2022

之地、皈依之地。我的"大地之歌"系列的绘画手法全不同于历代以来画家笔下的山水丘壑，不同于人们通常认识中的山水图形，而是从8000—12000米的高空鸟瞰的大地，既是纵横阡陌、色彩瑰奇的抽象图景，又是变化莫测、鬼斧神工的有形造化。无论是莽原涌波，还是沙海律动，古人没有今人的福分，即便是富有想象力，大约也只能在最高山巅之上眺望、俯瞰目力所及的叠嶂峰峦、雾霭云烟，即便心游遥想，也无法想象在超高空甚或地外航天器上能观赏到的大地奇幻景象。我以众山之山、众水之水综合而成的意象昆仑山、意象祁连山，意象黄河、长江、雅鲁藏布江之水等等，画面极尽高远、辽远、空阔浩渺之境。我以浓墨粗笔尽兴直取，营造我心中的大地，只在那一刻，我才真的感受到人的渺小、卑微。当然，这还仅仅是开始，它将接续在我70岁以后的创作计划之中，还有无数有待呈现的大地构图在我酝酿的腹稿之中。

桃月之际，应邀在广东美术馆举办的"翰墨履痕"作品展一波三折，受闪烁不定的疫情影响，展览期间观众限量入内参观。但是广东的同行许钦松、李劲堃、林蓝和美术馆馆长王绍强，以及馆内各部门的年轻人周到热情，为我提供了尽可能多的便利，我从心底里感激他们。

广东的展览开幕后，我就投入了"致新世纪"第三件作品《世界2022》的创作之中。作品的缘起是与国人感同身受的三年抗疫经历。虽然新冠病源至今未详，但都是人类的一场大劫难，而灾变面前，无一人、无一族、无一国能够幸免于外、能够独善其身，"人类是命运共同体"。尽管新冠病毒袭来之初，我和广大的文艺工作者都曾积极投入创作，表达对武汉人民的声援支持，表达与全民共同战胜病魔的决心，但那多半出自"短、平、快""急就章"式的宣传目的。随着抗疫过程的不断持续，且短期内仍看不到消弭尽头，我就想沉下心来，以抗疫为题材，深入做一件作品。原初本意是想营造一幅世界各国不同肤色种族的人民共同抗疫的画面，履行一个人物画家为时代造像的责任道义。但当我通过互联网遍搜世界各国的抗疫和大事、要事的资料图像时，我深感震惊，那些目不暇接的海量信息素材，显现的是世界各国不仅在政治、经济、社会、国情境遇与抗疫救人纠缠在一起的、各不相同的巨大差异，还有比新冠病毒更为紧迫的战争、饥饿、难民、毒品等问题。这让我真切意识到改变人类命运更为深层的种种问题根源所在。但是，艺术何以承载百年变局的历史图景？绘画何以将世界择其要义地凝缩进同一画面，为世界发出和平进步要求的呼声，艺术有这个责任义务吗？

　　反复犹豫、思量再三，我还是壮起胆子向这个"宏大叙事"题材和它的表现方式发起了"挑战"。在限定的世界版图中，在限定的各国疆界区域中，我尝试将2020—2022年这个特定历史时段中的各国政治家和精心挑选出的各国重大事件，连同抗疫的主题内容，打破时空区隔，依据画面构成的形式要素，以纵深叠置的表达方式整合于一图。以写"实"方法诉诸再现真实的当下世界，以超现实、跨时空的办法将不同情境的事件、人物按需用意识流方式组合并置在各个国家的地理区位中。同时，我力图突出走近世界舞台中心的中国以及国内大事、喜事、难事。我根据需要将题目即定为"世界"，为了使画面构图形式错落有致，改变了传统中国画题款题跋必在边角的固有格式，在太平洋面上书写了一段表达艺术家呼唤世界和平、团结协作共同造福人类的寄语，并且以十数种不同国家的文字语言题写了同一个词语——"世界"。

　　如果除去当年自研究生毕业陆续创作的《秦隶筑城图》"保卫

黄河三部曲"——《百年家国耻》《义勇军进行曲》《北定中原日》和2016年创作的《屈原与楚辞》，完成了"中华三部曲"志向的话，那么算上创作于2006年的《远山——拉哈屯的父老乡亲》，前后几十年，我完成了计划中"致新世纪"系列的《世纪智者》，《公民》，《中华人文图》（之一、之二）和《世界2022》四个乐章的作品创作，践行了当年辞别黑龙江乡亲、辽宁兄嫂去上学时立下的初衷：学好本事，画好中国人，画好中国历史，画好世界。不敢说我做得如何好，但我努力去做了。

一切当下的从事、供奉艺术的创作过程，都将成为昨天，成为过去，成为历史记忆长河的一部分。

艺术家的作品不光是一个时代的折射反映，还应代表着作者对时代的观察思考与发声回应。有作家形象地把生活比作撞钟的木杵，时代是被撞击的钟，而作家、艺术家的作品，则是那口被生活木杵撞击的时代之钟发出的声音和鸣响。艺术家当然不同于学者，作品无能也无责任扮演图解任何一种哲学理念和文化学术思想的角色；艺术家也不同于政治家、社会活动家，虽然作品可以传递思想，但不能等同于宣传画或产品介绍书。作家、艺术家的主要任务，在于广泛吸收生活的养料，采撷其中的闪亮之点，通过文字书写和艺术图式，在价值观层面和精神层次上去呈现他们生活的时代气象并赋予其内在意义。

习近平总书记在中国文联十一大、中国作协十大开幕式上讲话，号召中国文艺家"从时代之变、中国之进、人民之呼中提炼主题、萃取题材，展现中华历史之美、山河之美、文化之美，抒写中国人民奋斗之志、创造之力、发展之果，全方位全景式展现新时代的精神气象"。又说："当代中国文艺要把目光投向世界、投向人类。广大文艺工作者要有信心和抱负，承百代之流，会当今之变，创作更多彰显中国审美旨趣、传播当代中国价值观念、反映全人类共同价值追求的优秀作品。"画历史、画当下、画中国、画世界，正是作为人物画家的我多年以来践行的目标，也是需要在余下的岁月里，继续努力"承百代之流，会当今之变"，以仁爱情怀、文化自信的底气，远观、弘扬、隽意，追求言洁、辞弘、旨永，跳脱一己视野、个体情感、局地波澜，尽己所能地图写我眼里的中国、眼中的世界的理想诉求。

中国人物画在近现代以来取得的成果，超越了历史上的任何时期，尤以新中国成立和新时代以来为最。相比较异军突起、成就斐然的工笔人物画，水墨、写意人物画如何与时俱进、创新发展，面对的课题更具挑战性。由于材质技法自身的局限性和传统中国画笔墨语言的程式性制约，在表现新时代各类题材，尤其是人物众多、场面复杂、内容更为丰富的题材时，其承载能力日益显得不敷用。如果不能在实践中找到更多的破解途径、品评标准，仍然拒斥变革的话，中国人物画的现代转型和未来变革仍将举步维艰，更难构建起新的笔墨形式与技术传统。这正是我发愿进行"致新世纪"系列人物创作的本意和向难考量。

然而，在具体的实践探索和研究中，人物画创作形成了两种对立的学术观点：一方认为以书入画，以线造型，以讲求笔墨趣味的中国画写意特性，决定了无论何种类别、题材，皆以笔墨技法表现的充分自由为前提，导致了写意人物画重笔墨、轻造型，甚至因批评素描对造型的介入损害了笔墨特性而引发了论争；而另一方的观点则认为反映现实生活的写意人物画需要借助训练有素的造型能力达致人物形神兼备的塑造水准，笔墨应为人服务。这也导致了创作人物画为求形神毕肖，过多引入或依赖素描式渲染方法，造成了人物形神较为写"实"，而与抽象写意表现的服饰衣纹产生难以协调的效果（尤其在一些大型主题性创作中过度依赖图片、素描的情况较为普遍）。尽管在创作过程中不同的方法运用都应该得到尊重与理解，但是极端化的弊病在于：一是本应充分施展的写意笔墨语言优长的弱化和丧失；二是轻造型引发的人物画概念化问题难以得到有效改变。如何吸收兼容双方的有益要素，弱化并克服双方不足之点，最大化地把握形神塑造和笔墨发挥的度，是现代写意人物画创新变革绕不过去的课题，这也是我有意经由大型多人物组合的创作实践来寻求"度"的点位掌控的自设命题。

　　进入新世纪以来，在党和政府的大力支持下，美术创作空前活跃，一大批主题性美术创作工程相继实施，涌现了一批批好作品，尤其是红色革命历史、中华文明历史、新时代改革开放新成就等系列项目，包括大型全国美术展的现实主义美术创作，成果丰硕，数量质量均大为提升，全社会欣喜。但随之而来的，是艺术表现方法中的新概念化、单一倾向和图解主题的现象时有显现，这在一定程度上削弱、消解了现实主义艺术应有的多样性和丰富性。而如何以不断创新突破的探索精神去阐释现实主义艺术的丰富意蕴，是对艺术家想象力、创造力、创新思维能力和风格语言创意再造能力的检验。"致新世纪"的创作实践是我尝试跳出主题性作品过于注重艺术中叙事性、纪实性和情节性等惯性思维主导下的表述方式，为破解限定性命题创作的既有模式做一番核心设计的艺术破圈和形式突围。

　　回顾20世纪和当代人物画的发展之路，举凡杰出的人物画家皆曾受惠于学院和专业机构的基本功训练，从而掌握了精熟的造型能力和坚实的技术功力。但不同于中国山水、花鸟等画科的是，人物画（尤其是写实风格的）对于形与神的要求要严格苛刻得多。而即使是那些最为优秀的艺术家，也无能逃避创作高峰周期的规律制衡。除了特例，相当多的艺术家晚年受年龄体力的影响而难以维系和保持高峰时期的状态，这使得过了一定年龄的画家将无意、也难以触碰挑战大型主题创作，更不用说那些未必与效益挂钩、费力又不讨巧的实验性艺术实践了。当代中国人物画要在传承转换创新中华优秀传统文化的同时，有选择地大胆吸收世界艺术精华，走出一条既与历史传统拉开形式距离，又与西方当代艺术保持必要的价值距离的富有新时代中国特色的人物画新路，建构起新的传统，是需要一大批富有实践经验，又有理论识见的艺术家共同修为才能达成的历史任务。这正是我在进入花甲之年、在感受到时间和体力流逝的紧迫日甚之时，挑战自我而给自己施加的压力，并为此设定了创作学术目标。

从艺近半世纪，我和国人共同经历了中国发展变革的艰辛历程。作为画家，我是从国人的眼神、表情和精神面貌由内而外的变化中感受到国家巨大而深刻的变化。我的创作主题之所以聚焦人和人的历史与当下，个体的、群体的、中国的、世界的，与我父母辈的家庭遭遇和我青年时期的经历有关，当然也与后来工作学习的履历、文化知识的积累以及学养修炼，包括后天的自我策励都有联系。艺术作为人类精神创造物质活动的结晶，无论何种形式、样式皆与诉诸人的精神世界相关联，只是在具体表达方式和途径上，艺术大致可分为两大类——人（对象）的艺术以及艺术的人（对象）。前者要求技术服务于人的深入刻画与精神呈现，作品依凭作者对现实与历史的感悟认知，强化叙"事"而成。后者则以人作为视觉图像中的组成元素服务于艺术形式，作者侧重于艺术的直觉感受性，经由表意而放大审美特质，成全其作品。风格样式和技术语言可以不同，但作为对象的人，都是一个时代的有形存在和精神载体。事实上，人的主题在艺术形式中，无论内容大小、显隐，都无法缺失艺术家（主体的人）附加在对象（客体的人）或物象之上的精神投注。我所追求的，是尽自己所能调动中国绘画的一切手段，服务表现大写的人、大写的人的精神，并且希望能够通过艺术记录一个时代。

和众多人物画前辈大家的从学治艺经历相似，我也是受蒙于学院严谨的教学训练而掌握了基本技能，这对于从事具象——写实、写意艺术和人物画创作来说是十分必要的，蒋兆和、黄胄、方增先、刘文西、周思聪、李伯安莫不如此。"写实"，当然不是中国人物画的终极目标，而中国笔墨语言加线结构造型表现中的人物本已具有了意象特征，不同于真实对象，不同于照片，更不同于西方的写实主义绘画。尽管相较于山水花鸟画笔墨抒放的自由度，人物画的限制更多一些，但这对于人物形象的刻画塑造是重要的，也是弥足珍贵且值得守护的。这是当代中国人物画在现阶段发展的重要样式，也是主流样式。应该说，是素描方法的介入，加强、丰富、提升了中国人物画的表现手段，其于人物画的发展进步功莫大焉。至于后人在学用的过程中掌控失当，影响牵绊了不同风格形式的人物画艺术，问题出在作者自身。寥寥数笔得其形意、夸张变形得其神趣都可能是好作品，但却是相互无法替代的不同类型的艺术形式，大可不必相互贬抑鄙薄，甚至因噎废食而问罪素描。简单的事实是，仅凭几笔具有书法意韵的线条，将无法和难以支撑起表现当代人的精神气质和形象厚度的重任，解决好转换和创新的责任，将由中国人物画的后学承担起来。一代人做好一代人的事，"致新世纪"系列创作就是我坚守维系发挥人物造型优长，由"实"写而"意"写的转换过程。

既要摆脱主题性创作习以为常，过于注重叙事性、纪实性和细节的表现方式，又要克服限定性命题易于造成的模式化、概念化弊病，还要保持写实写意性造型特点，何以走出以不同形式阐释并体现现实主义艺术创作理念的个人特色路径，一直是我孜孜以求找寻方法破解的实践试题。"致新世纪"系列创作的顺利完成，是我在结构内容上处理不同情境下不同人与事件在同一画面中呈现时找到了有效方法：既有时空关系，又打破时空的有序存在；既表现现实情境中特定的人与事件，又跳出现实的合理状态；着重以人物对象为基本要素，重构画面上的诸重关系。类似于文学中的意识流写作方式，或敦煌壁画中故事的多画面并置，让作品中人与事件既有关联又无必然关系。按照艺术图式的设计需要和审美形式的法则，有意无意地按照历史的时序松散地串联组合起来，让了解历史的观众按照各自的理解方式去识别图式中内容的象征意义和寓意，这无疑增加了作品观审的多义性以及读解的不同路径，借此形成我所有意为之的意象表现性中国人物画的创作方法，进而使此类主题性创作内容在我的艺术表达中更趋风格化、独特化。不敢说这种手法已经深思熟虑、圆融无碍，而在实际创作中言无尽意、艺难尽意，遗憾是处处存在的，但我努力去尝试了。我的体会是：立意就高、视觉求新、意韵宜厚、开掘益深，视觉形式与技术语言务求匹配。

当作品创作的一切要素，诸如内容、方法、技术语言和能力尽皆具备之时，最终的画面呈现仍是诸环节中直接左右视觉效果的关键一步。"致新世纪"系列作品以水墨形式面世，取用的材料与技法均与传统方式并无二致。中国画的材质与笔墨语言如何有效地承载体现前述的目标诉求，既有的水墨写意人物画技法在多大程度上能够实现创作主旨的视觉需求，我在既往创作经验的基础上通过一次次的调适逐步形成了方法。从"智者"到"世界"，虽然构图各有变化，但共同点是均以多人物群像组合为主要结构元素，人物肖像是画面最着力部分，而用笔用线是骨是筋，赖以人物形象的勾勒塑造；水墨为色调为肌肉，用以渲染形神和填充画面色块，以烘托作品整体氛围。作品中人物形象以意笔线描技法写就，辅之以山水勾染皴擦兼施的方法精心勾画。而对大小不等幅面的服饰辄以尽量写意的技法一次完成，追求色墨笔线的写意特性。为了使画面整体而避免琐碎，有意识地平面化处理众多的局部细节，包括人物肖像脸部的肤色也以浅罩平染的方式为主，形成大小、深浅、浓淡变化的色块与色块的组合衔接，为的是保持和强化整个画面的视觉形式效应。层次变化丰富的水墨在此时胜过任何纷繁复杂的色彩，而显出更具品格和强烈鲜明的形式张力。

在我数十年的创作经历中，上述的"致新世纪"系列作品主要是我十余年来，也是我多个创作题材类别中的一个方面，业界较为关注，并且将之归为我作品面貌的主要代表样式予以评论。我的所思所想、所冀所求都在我的作品中，我之所以将人和人的相关题材奉为创作母题，除了我选学的专业和专业本身的要求难度，以及我后来工作岗位性质使然，更主要的是因为我真切地认识到人的主题是艺术家和作品（即便是山水花鸟、风景静物艺术）永远需要面对的命题。人是有情感的物种，人是主宰世界万物的灵长，也是创造历史的主角。艺术为人，艺术为时代创作，艺术家是历史的亲历者、记录者，也是劳动者。艺术也许解决不了人的实际温饱，也无法解释有关人的哲学命题，艺术对人的精神陶冶也许未必有想象的和理想中的那么重要，艺术甚至还可能是商品市场投资人抑或是有闲富裕阶层人士的财富象征……但任何缺乏精神情感投射的、难以引发人的精神情感共鸣的，甚至以艺术的名义而抽离了人的思想情感的艺术，无论其观念、形式、技艺如何高妙玄深，都可能最终陷入虚无境地。脱开艺术的社会意义，孤立来说，艺术也许就只是艺术家个人的事，但是君不见，那些优秀作品的生命远远地长久于艺术家肉身凡胎的寿限，而艺术家的价值就在他的作品之中。

于今，我已进入生命的晚境。人的一生，实际上就是一个向死而生、不断追寻意义的过程。只要思想还在继续，体力还能维系，我还会有长长的创作计划……

4月下旬，"无尽意·痕——冯远'咏怀诵贤'古典题材书画作品展"在北京奥林匹克森林公园书画频道美术馆展出。

7月中旬，"无尽意·痕——冯远绘画艺术展"在清华大学我曾经供职的艺术博物馆展出。

橘春之时，我回顾往事，检省梳理斯日来踪，着手撰写以上的文字。

壬寅年广寒月于京华西隅六和堂东窗

后记

感谢全国政协书画室的组织策划和邀约。

感谢广西出版传媒集团、广西美术出版社襄助我的这本小书成书出版，感谢谢冬女士及一众编辑为此书的文字、图片的组织、编审、设计倾注的心力与种种付出。

诚如我从艺多年的体会：艺术显现的是形式，而形式产生的视觉效应是连接沟通观众读者，通过观赏品读与之形成共感的直接渠道。组成形式的各个局部要素经由技艺达成，技若语言，赖以传达造型、色彩、气息，而形式与技艺的背后是思想内容与精神内涵在起着驱策作用。习近平总书记号召广大文艺工作者创作更多"思想精深、艺术精湛、制作精良"的优秀作品，形式、技艺、精神正分别对应于"艺术""制作""思想"。形式、技艺、精神三者俱不可缺，均可为主亦皆可为辅，唯视读者观众择其不同角度品评是焉。但成功的作品必然三者兼胜，理论研究与创作实践道理亦然。但是在实际过程中，真正要达到三精、兼胜水平则殊为不易，非下得苦功、反复修炼难以成事。如果把思想（精神）、艺术（形式）看作形而上的"道"，那么，作者的内外修养、艺术学养、思想境界和人生的历练就须不断提高才能达至。而若是将制作（技艺）理解为形而下的"术"或则"器"，那么只要掌握要领，通过勤学勤练，达到熟练、成熟、精熟水准则是目标可期的。因此，一个艺术家的成长，远不仅为专业技能和笔头功夫的进步，思想觉悟、艺术素养、人格修为的提升同样重要，毋宁说，艺术的成熟实质是人的成熟。

  本书的第一、二章较多地叙述我的早期人生经历，这是思想形成、三观确立的重要基础，系我后来走上学艺、从艺、治艺道路的重要铺垫。又，本书中我未在艺术的"技"层面展开深入的讨论表述，是因为考虑到每个艺术家的技术均具有本人的个体属性，未必具有可比性，况且本书中配置有较多的本人主要作品，读者通过读图即可以做出更为直观的判断评价。再，由于本书以第一人称自述而成，因此，书中有关的叙事均以我本人的立场、眼光、观察而展开。本书对事只叙述，不加评论，语言表述力求平正，未做文学性描绘。

  最后，请允许我补充说明：尽管笔者力求平实简明，但受本人学识水平和记忆所限，书中内容仍难免有疏漏和欠精准之处，欢迎读者诸君提出批评指正，不胜感谢。

2022年12月于北京

冯远艺术年表

1952年生于上海。

1969年5月，初中毕业，下乡黑龙江生产建设兵团务农。

1974年，连环画作品《苹果树下》入选"第五届全国美术作品展览"，获优秀奖。

1977年3月，调入辽宁省文艺创作美术摄影组工作。

1978年12月，入浙江美术学院修读中国画专业研究生，师从方增先。

1980年8月，毕业留校任教，至1990年历任中国画系教研室主任和学院教务处副处长。作品《秦隶筑城图》入选"第二届全国青年美术作品展"，获二等奖。开始创作水墨画"罗汉系列"（16幅）。

1981年，论文《传统中国人物画种造型的程式化、概念化问题》发表于《云朵》杂志。创作连环画《画魂》《上海的早晨》。创作《英雄交响曲》。

1982年，创作《故乡》。

1983年，论文《传统文人画的现代价值及其意义》发表于《美术》杂志。

1984年，创作"保卫黄河三部曲"——《百年家国耻》《义勇军进行曲》《北定中原日》获"浙江省庆祝新中国成立三十五周年美术作品展"优秀奖。

1985年，创作抽象水墨"汉魂"系列，水墨画《逍遥游》《蜕之痛》《彼岸》等，作品《沈小霞相会出师表》获第一届全国连环画十佳奖。

1986年，布面扎染作品"蓝与黑——冯远作品展"在浙江美术学院举办。

1987年，"冯远中国画展"在上海举办。

1989年，任浙江美术学院中国画系副教授。作品《历史》入选"第七届全国美术作品展览"（香港中国商会收藏）；《河姆渡文化》获全国科学技术协会美术展览金奖。论文《重归不似之似》《面临困境的当代中国人物画》发表于《美术》杂志。

1991年，出版《冯远画集》（浙江美术学院出版社、香港南阜艺术出版社）。出版《冯远国画选》（辽宁美术出版社）。

1992年，任浙江省政协委员，中华全国青联第六、第七届委员会委员。任学院教务处处长，被评为浙江省优秀教师。作品《星火》入选"全国中国画邀请展"（中国画研究院收藏）。"冯远中国画作品展"在香港举办。论文《从生命意识到审美知觉》发表于《新美术》杂志。访问日本东京及武藏野美术大学，并做《日中绘画比较谈》讲演及举办作品观摩展。首推并实行美术教学混合学分制管理试行办法。受文化部委托执笔起草全国高等艺术教育改革方案，修订艺术专业目录。

1993年，论文《回到单纯——吴山明近作艺术风格谈》发表于《美术》杂志。论文《林风眠和他的水墨画艺术》发表于《新美术》杂志。作品《屈赋辞意》入选"首届中国画大展"，获优秀奖。出席"海峡两岸及香港、澳门美术教育研讨会"，并做《世纪之交的中国美术教育之我见》讲演。随文化部艺术教育访问团考察墨西哥、哥伦比亚、阿根廷的艺术教育。

1994年，任浙江美术学院中国画系教授，享受国务院特殊津贴专家。作品《屈赋辞意》入选"第八届全国美术作品展览"，获银奖（中国美术馆收藏）。《文明的历程》入选"第八届全国美术作品展览"，获优秀奖。创作《秦嬴政称帝庆典图》。

论文《现代日本画的启示》发表于《新美术》杂志。

1995年，"冯远水墨人物画展"在台北举办。出版《冯远水墨人物画集》（台北霍克国际艺术股份有限公司）。创作《孙中山与〈建国方略〉》等作品。

1996年，任中国美术学院副院长、学术委员会副主任。"冯远作品展"在日本东京举办。受教育部委托执笔制订高等艺术院校教育评估方案。《颖于悟 敏于思 勤于行——评画家刘国辉》发表于《美术》杂志。出版《水墨人物画教程》（天津人民美术出版社）。

1997年，作品《秦嬴政称帝庆典图》入选"庆祝香港回归大展"，获"中国艺术大奖"。创作《世纪梦》。"冯远中国画作品观摩展"在韩国圆光大学博物馆举办。论文《"人"的艺术和"艺术"的人——兼谈当代中国人物画创作问题》发表于《新美术》杂志。访问韩国圆光大学美术学院、汉城大学艺术学院，做《本世纪最后十年的中国美术》讲演并举办展览。受新加坡南洋艺术学院邀请举办个人展、讲座并授课。

1998年，获"国家有突出贡献中青年专家"称号。"冯远作品展"在法国巴黎国际艺术城举办。另有大量作品随联展赴美国、法国、德国、新加坡、日本展出，被购藏。论文《学院的当代使命》发表于《艺术教育》杂志。出版《中国人物画技法》（浙江人民美术出版社）。出版《中国画名家作品精选·冯远作品》（陕西人民美术出版社）。赴法国巴黎国际艺术城研修，考察荷兰、比利时、卢森堡、德国、意大利、西班牙等国的美术教育和美术状况。

1999年，调任文化部科技教育司司长。作品《世纪智者》入选"第九届全国美术作品展览"（中国美术馆收藏），同时任全国美展评审委员。《追求经典》发表于《中国文化报》。发表论文《关于21世纪中国艺术教育的思考和探析》。

2000年，任文化部艺术司司长、中国文联委员。作品"都市一族系列"组画入选

"今日美术大展""第二届深圳国际水墨画双年展"。出版《冯远画集》（辽宁美术出版社）。论文《状写、意写皆为大写——艺术的内形式研究》发表于《国画家》杂志。

2001年，作品"苍生"系列组画入选"世纪风骨——中国当代艺术50家展"。论文《在文化交融与竞争的历史进程中》发表于《文艺报》。出版《荣宝斋画谱·冯远（135）》（荣宝斋出版社）。

2002年，作品《虚拟都市病症》入选"第三届深圳国际水墨画双年展"。发表论文《艺术的生命力在于艺术的原创力》。随文化部部长率领的政府代表团访问欧洲。

2003年，当选中国美术家协会副主席。作品《唐人击鞠图》被人民大会堂特邀陈列。论文《美术：2003年的关注与思考》发表于《文艺报》《光明日报》等。参与策划"首届中国北京国际美术双年展"并做论文讲演。

2004年5月，任中国美术馆馆长。作品《香格里拉远眺》入选"第四届深圳国际水墨画双年展"，《蹉跎岁月——邓小平肖像》入选"第十届全国美术作品展览"。任全国美展评委会副主任。论文《经济全球化背景下的中国文化创新之路》发表于《中国文化报》。论文《精神之炬——艺术难以承受之重》发表于《文艺报》。出席"北京论坛"，宣读论文《经济全球化背景下的中国文化创新之路》。率美术馆代表团访问我国台湾，在台湾师范大学美术系做《大陆美术现状与发展趋势》讲演。

2005年9月，任中国文学艺术界联合会副主席、党组成员、书记处书记。作品《雪山祥云》入选"第二届中日美术作品交流展"。参与策划"第二届中国北京国际美术双年展"，做研讨会讲演。访问俄罗斯、法国、英国、奥地利等，考察各大博物馆，策划多国馆藏艺术来华展览。

2006年，组织"国家重大历史题材美术创作工程"活动，创作草稿《武昌起义》入选该工程。作品《高原秋色图》《诗贤四屏》入选"全国中国画作品展"。出版

《中国画名家经典·冯远》（上海书画出版社），有多篇美术评论发表。

2007年，作品"远山"系列、《乡童》参加"水墨画新作展"，组织策划"同一个世界：中国画家彩绘联合国大家庭艺术大展"，赴墨西哥、瑞士等国巡回展出，赴美国旧金山讲学并参与画展，访问美国亚洲基金会，考察华盛顿、纽约博物馆。

2008年，任第十一届全国政协委员。作品《逐日图》入选"当代中国画名家学术邀请展"，参与策划"第三届中国北京国际美术双年展"，论文讲演《中国美术的当下发展态势和价值取向》，为中国驻美国大使馆新馆创作《中国文化科技名人图》，任清华大学美术学院名誉院长。

2009年，作品《我们》入选"第十一届全国美术作品展览"，《武昌起义》创作完成并展出，为我国驻西班牙使馆创作《傣家风情图》，举办中国人物画高研班，出访埃及、土耳其。

2010年，带队赴井冈山采风写生，《雪山祥云》入选意大利罗马"《西藏论坛》美术作品展"，撰文《历史画与历史题材创作》，筹建中国设计艺术学会，组织筹划"今日中国"艺术周，赴智利、古巴考察。举办"水墨形相"高研班学员结业作品展。创作"诸子图"系列、《蒲松龄采风图》等。

2011年，创作《望夫妹》《母子图》《金陵十二钗》《新疆风情写生》《今生来世》。入选建党纪念展、新疆题材美术作品展，筹划推出"首届北京国际设计三年展"，启动"中华文明历史题材美术创作工程"，举办中国国家画院冯远人物画高研班，出访印度、尼泊尔。

2012年3月，编辑出版画集《二十一世纪中国艺术家·冯远》《笔墨尘缘：冯远中国画作品集》；4月，在中国美术馆举办"笔墨尘缘——冯远中国画作品展"和展览学术座谈会；5月，卸任中国文联党组成员、书记处书记；主持"中华文明历史题材美术创作工程"，任组委会副主任兼秘书长、创作指导委员会执行主任；在上海美术馆举办"笔墨尘缘——冯远中国画作品展";7月,指导的中国艺术研究院博士生范治斌通过论文答辩,招收中国艺术研究院博士生赵晨和清华大学美术学院博士生王巍;9月,受国务院聘任中央文史研究馆副馆长;11月,策划组织实施"中华文化四海行""文史翰墨——中华诗书画展"活动。

2013年2月,任第十二届全国政协委员;4月,《东窗笔录》(三卷本)由文化艺术出版社出版;同月,在杭州浙江美术馆举办"笔墨尘缘——冯远中国画作品展";5月,在南京江苏美术馆举办"笔墨尘缘——冯远中国画作品展";7—9月,主持完成"中华文明历史题材美术创作工程"两轮草图评审,确定入围作者人选,并在中国国家博物馆举办创作工程草图观摩展,出版图录;8月,领着妻子和女儿冯亦萌赴甘肃、新疆一行;10月,作品《天边》入选中国艺术节美术大展;11月,创作系列组画"四季婴戏图",续任第八届中国美术家协会副主席;率队赴贵州、重庆举办中央文史研究馆"中华文化四海行"活动。

2014年3月,在山东青州举办"素尺凡心——冯远水墨人物小品画展";4—6月,创作中国画《心幡》《望乡》,"《诗经》画意""楚辞画意""乐府画意"系列,"古贤圣迹"组画等;应陕西省美术博物馆邀请参加"长安精神·陕西优秀中青年国画作品提名展";5月,赴纽约探望女儿,并考察大都会艺术博物馆、波士顿艺术博物馆、纽约现代艺术博物馆、惠特尼美国艺术博物馆等,作品《母子图》参加在巴黎大皇宫举办的"中国当代美术作品展";7月,应邀为中国国家博物馆创作巨幅中国画《世纪智者》;8月,组织中央文史研究馆"文史翰墨——第二届中华诗书画展";9—11月,应邀为国家大剧院贵宾厅创作京剧组画6幅,创作历代经典文论书法;12月,应邀在奥地利维也纳举办"冯远中国水墨画作品展"。

2015年4月,正式受聘担任清华大学艺术博物馆首任馆长,受邀为中国邮政创作邮票《诗词歌赋》套票;6月,赴新疆维吾尔自治区主办中央文史研究馆"中华文化四海行"活动;7月,开始创作巨幅中国画《世纪智者》,同时指导的中国艺术研究院博士生赵晨、清华大学美术学院博士生王巍通过论文答辩，招收清华大学美术学院博士研究生刘翔鹏；9—12月，率专家小组赴多地辅导"中华文明历史题材美术创作工程"作品创作；11月，率团出访波兰、捷克，分别举办学术讲演《当代中国美术众生相》。

2016年1—5月，创作彩图版《屈原与楚辞》；3月，获颁法兰西文学与艺术骑士勋章；5月，《诗词歌赋》邮票获全国最佳设计奖，协助上海大学论证组建上海美术学院改革方案；9月，清华大学艺术博物馆开馆仪式暨首展揭幕；10月，"中华文明历史题材美术创作工程"作品评审验收完成，组织专家编纂《中华传统文化经典百篇》系列丛书，协同考古专家参与海上丝绸之路申遗项目考察调研；11月，应天津美术馆邀请举办"笔墨尘缘——冯远中国画作品展"；12月，以"中华史诗"为名的"中华文明历史题材美术创作工程"作品在中国国家博物馆展出，出席中国文联第十次全国代表大会，续任中国文联副主席，出任上海大学上海美术学院院长。

2017年1月，受邀创作邮票《四季童戏》套票；3—5月，策划启动由国务院参事室、中央文史研究馆、国家民委、中国文联、中国美协共同举办的大型美术创作活动"中华家园"美术创作项目；5月，受贵州文联委托创作《苗族大迁徙》；5—6月，考察美国费城艺术博物馆、宾夕法尼亚大学博物馆、古根海姆美术馆等，撰写纪念著名画家宋雨桂先生的文章，在多家报刊发表创作《屈原与楚辞》的经验谈；7月，赴四川、西藏考察调研高等教育，向国务院教育部建言；9月，应中国国家画院之邀，创作"一带一路"美术创作工程《汉武帝经略边疆遣使丝路》；10月，主持"中华家园"美术创作项目草图评审；12月，随央视摄制组重返黑龙江知青点拍摄专题，在上海中华艺术宫主持"杏林撷英——全国高等美术院校优秀学生作品邀请展"暨学术研讨会，创作《盛世祥瑞图》。

2018年2—4月，创作《马克思在国际工人运动大会上演讲》；5月，访问土耳其、埃及，在开罗美术学院、卢克索南河谷大学美术学院讲演《中国当代美术》；6—7

月，创作完成《苗族大迁徙》，应邀在山东美术馆举办"冯远中国画作品展"；6月，《中华史诗图文志》出版；9月，出席首届全国美术高峰论坛（济南），发表讲演《主题绘画及其他》，《人民日报》发表《与时俱进 源古流新——我与中国人物画40年》，创作完成《汉武帝经略边疆遣使丝路》；12月，当选中国美术家协会名誉主席。

2019年3月，创作"五四人物系列"，创作彩墨典故连环画《安而不忘危》；9月，出席"第十三届全国美展油画、雕塑优秀作品展"开幕式，天津人民美术出版社出版画集《冯远国画篇》；10月，出席第二届全国美术高峰论坛（扬州），发表演讲《苍穹之下，表象之上》；11月，创作《锡伯儿女嫁娶图》。

2020年2月，创作水墨画"紫竹二月"系列；7月，在央视书画频道开设系列讲座《水墨人物画技法解析》《历代经典水墨人物画作品解析》；8月，创作完成水墨写意画"唐宋八大家"系列；10月，出席第三届全国美术高峰论坛（重庆），发表演讲《现实主义命题的多样化艺术阐释》；11月，创作《公民》、"海上印象"系列水墨画。

2021年4月，创作庆祝建党100周年作品《主题词集句》；5月，应邀出席博鳌亚洲论坛，发表演讲《助力强国建设，担当文化使命》；6月，随全国政协书画室赴晋陕桂川采风写生；7月，创作大型中国画《中华人文图》（之一、之二），撰写评论《百年党史精神图谱的完美艺术呈现》。

2022年2月，创作"大地之歌"水墨画系列；3月，应邀至广东美术馆举办"翰墨履痕——冯远绘画作品展"；4月，创作大型水墨画《世界2022》，应邀在北京奥林匹克森林公园书画频道美术馆举办"无尽意·痕——冯远'咏怀诵贤'古典题材书画作品展"；7月，在清华大学艺术博物馆举办"无尽意·痕——冯远绘画艺术展"。

图书在版编目（CIP）数据

灼日：冯远自传 / 冯远著. -- 南宁：广西美术出版社，2024.3

（"新时代书画名家自传"丛书）

ISBN 978-7-5494-2581-5

Ⅰ.①灼… Ⅱ.①冯… Ⅲ.①冯远－自传 Ⅳ.①K825.72

中国国家版本馆CIP数据核字（2024）第045992号

"新时代书画名家自传"丛书

灼日 冯远自传

XINSHIDAI SHUHUA MINGJIA ZIZHUAN CONGSHU
ZHUORI FENG YUAN ZIZHUAN

总　策　划：覃　超
执 行 策 划：张艺兵　何　骏　卢培钊

著　　　者：冯　远
出　版　人：陈　明
终　　　审：谢　冬
图 书 策 划：谢　冬
责 任 编 辑：吴　雅　鲍卓尔　吴观寒
特 邀 编 辑：黄浩云
责 任 校 对：吴坤梅　卢启媚　梁冬梅
审　　　读：陈小英
封 面 设 计：陈　凌
版 式 设 计：陈　欢
美 术 编 辑：李　冰
责 任 监 印：黄庆云　莫明杰
出 版 发 行：广西美术出版社有限公司
地　　　址：南宁市望园路9号
邮　　　编：530023
印　　　刷：广西昭泰子隆彩印有限责任公司
版　　　次：2024年3月第1版
印　　　次：2024年3月第1版第1次印刷
开　　　本：787 mm×1092 mm　1/16
印　　　张：15.75
字　　　数：190千字
书　　　号：ISBN 978-7-5494-2581-5
定　　　价：138.00元

版权所有　翻印必究